世界社会保障制度系列丛书
丛书主编 郑功成

俄罗斯
社会保障制度

许艳丽 著

The Russian
Social Security
System

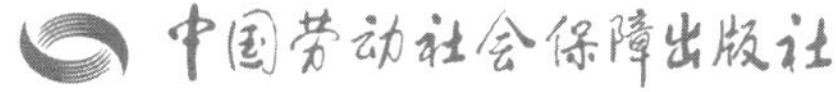

图书在版编目(CIP)数据

俄罗斯社会保障制度/许艳丽著. —北京：中国劳动社会保障出版社，2017

(世界社会保障制度系列丛书/郑功成主编)

ISBN 978-7-5167-2925-0

Ⅰ.①俄… Ⅱ.①许… Ⅲ.①社会保障制度-研究-俄罗斯 Ⅳ.①D751.27

中国版本图书馆 CIP 数据核字(2017)第 043568 号

中国劳动社会保障出版社出版发行

(北京市惠新东街 1 号 邮政编码：100029)

*

中青印刷厂印刷装订 新华书店经销

787 毫米×1092 毫米 16 开本 10.5 印张 134 千字

2017 年 3 月第 1 版 2017 年 3 月第 1 次印刷

定价：35.00 元

读者服务部电话：(010) 64929211/64921644/84626437

营销部电话：(010) 64961894

出版社网址：http://www.class.com.cn

中国社会保障学会与中国劳动社会保障出版社联袂推出

丛书编委会

总 序

如果要追溯社会保障的渊源，有着连续数千年文明史的中国应当是最具代表性的国家。因为在其有文字记载的漫长历史画卷中，各种描绘社会保障思想与实践活动的文字屡见不鲜，一些社会保障措施甚至自古一直柔性传承至今。然而，以平等、法制、共享等为基本元素的现代社会保障制度，却是现代化进程中带给人类社会的一个异常重要的制度性文明成果。德国因在 19 世纪 80 年代首创社会保险制度而成为这一制度文明的起源国，之后被其他国家所仿效。在历经 20 世纪 30 年代美国全面建立社会保障制度和 20 世纪 40 年代末英国将自己的社会保障制度升华为福利国家等重大事件后，社会保障制度对国家治理、社会经济发展与人民福祉提升所具有的必要性与重要性即获得了世界各国的广泛认同。在当今世界，社会保障已经成为现代国家治理体系中不可或缺的支柱性制度安排，也成为各国人民共享国家发展成果的基本途径与制度保障。

中国是一个大国，也是一个行进在现代化快车道上的发展中国家。在中华人民共和国成立后，除了柔性传承着历史中国的一些社会保障做法外，更在短短几年内就建立了以劳动保险为主体的统一的社会保障制度。这套制度不仅极大地缓解甚至消除了当时社会弱势群体的现实困难，而且为全体人民（特别是城镇居民）提供了稳定可靠的安全预期，它使新生的人民政权迅速赢得了民心，也为国家在严酷的内忧外患环境下获得快速发展创造了万众一心、众志成城的优良社会氛围，这不仅被视为社会主义制度优越性的具体体现，而且在国家治理中扮演着极为重要的角色。

改革开放后，伴随经济体制改革的推进，中国社会保障制度也进入了改

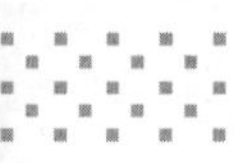

革年代，近30年来，几乎所有社会保障项目均进行了深刻的制度变革，原有的以国家负责、单位或集体包办、板块结构、封闭运行为基本特征的社会保障制度已转型为以政府主导、责任分担、社会化、多层次化为基本特征的新型社会保障体系。不过，这种转型还未最终完成，而漫长的试点先行、渐进改革方式亦形成了新的路径依赖，这使得新型社会保障制度还面临着深化改革的艰巨任务。目前，中国的社会保障改革正处于关键时期，中央层面的顶层设计在紧锣密鼓进行中，让这一制度走向成熟、定型已经是国家层面的紧迫任务。

毫无疑问，中国的社会保障制度，必然要打上中国特色的烙印，但也必须充分吸收人类社会共同的文明成果，这就需要了解他国的社会保障制度，并在真正了解的基础上认识和把握社会保障制度发展的客观规律。有鉴于此，中国社会保障学会将组织、出版世界社会保障制度系列丛书列为十分重要的学术工作，并于2015年夏通过青年委员会开始组织申报与评估，接着陆续确定合适的作者承担著作任务。这套丛书的使命，就是尽可能全面、客观地介绍各国的社会保障制度，包括其发展脉络、制度框架、基本特征和主要制度运行的基本情况，以便为读者了解并理解国外社会保障制度提供一个高质量的蓝本。为此，我们确立了三项原则：一是以在国外专门研修过或者正在国外研修社会保障制度的研究者为作者队伍的主体，必要时邀请国外学者撰著本国的社会保障制度；二是强调突出对各国社会保障制度进行客观介绍，力求内容完整、资讯新颖；三是要求简明扼要，为读者自主判断留出空间。因此，这套丛书应当有着区别于其他研究外国社会保障制度的图书的独特价值。

感谢中国劳动社会保障出版社的大力支持，该社作为中国社会保障领域具有广泛影响力的专业出版社，出版过大量有价值的社会保障图书，中国社会保障学会将这套具有独特价值的丛书交由该社陆续出版，无疑是本专业领域的最优合作。

我相信，这套丛书一定能够给中国的社会保障研究者、社会保障实务工作者以及对社会保障有兴趣的读者带来丰富的资讯与诸多的启迪。

中国社会保障学会会长　郑功成

2016 年 9 月 1 日于北京

郑功成（Zheng Gongcheng），现任中国社会保障学会会长，中国人民大学教授，同时担任全国人大常委会委员、全国人大内务司法委员会委员；兼国务院医改咨询委员会委员、国家减灾委专家委员会副主任和多个部门的咨询委员或顾问。长期从事社会保障、慈善公益、灾害保险及与民生相关领域的理论与政策研究。

序

俄罗斯是个伟大的国家，有璀璨的历史和俄罗斯民族特有的文化，文学及艺术源远流长。车尔尼雪夫斯基的哲学思想，契诃夫的批判精神和济世情怀，陀思妥耶夫斯基对穷人深深的同情，高尔基抒发的海燕的革命精神等伴随众多国人的成长。

自古以来，俄罗斯绝大多数人口都生活在村社之中，村社的各种制度在一代又一代的农民身上培育着集体主义精神。东正教的信仰强化了集体主义与专制主义传统的同时，也倡导重视社会公平意识。社会因素决定社会保障制度的有无，政治因素决定社会保障制度建设节奏的快慢，文化因素决定社会保障制度模式的选择，经济因素决定社会保障水平的高低。到了近现代时期，工人阶级在布尔什维克党领导下联合贫农夺取了政权，建立了苏维埃社会主义共和国联盟，亦称苏联。苏联是世界上第一个高度集权的社会主义国家，为了显示社会主义国家的优越性，其社会保障制度内容多种多样，涵盖范围极广，理论上基本实现了社会公平和正义，也逐渐形成了自己的制度特色。

1991 年苏联解体后，俄罗斯开始着手在市场经济基础上进行社会保障制度改革，其改革尊重本国的政治、经济、历史、文化特点，重视本国人的实际需求，并在不断试错与调整中寻求完善。在适应国际社会保障制度改革大潮的同时，政治精英达成基本的政治共识，并引导理论共识，使得俄罗斯人民保持相对稳定的保障预期。

目前在我国，大多数研究社会保障的学者的目光投向西方国家或东亚诸国，恰恰忽略了与我们有诸多历史渊源且有更多可比性的俄罗斯，长期、系统地研究俄罗斯社会保障制度渊源及改革完善过程的学者少之又少。基于我国与俄罗斯原有的社会基础和经济体制有高度的相似性，都经历了从计划经济向市场经济的转型，对俄罗斯社会保障制度进行综合性的研究和剖析，既可为从事俄罗斯问题研究的学者提供借鉴，也可为我国社会保障制度的顶层设计与完善提供参考。

笔者在俄罗斯莫斯科大学学习多年，回国后也一直致力于对俄罗斯社会保障制度的研究。受郑功成教授邀请，我全力以赴完成了《俄罗斯社会保障制度》的写作。希望此书能够为读者了解俄罗斯社会保障制度的演进线索、完整的制度框架及其实际运行状态，提供一个基础的、可信的蓝本。

许艳丽

目　录

第一章

俄罗斯社会保障发展的历史回顾

第一节　俄罗斯的慈善传统

俄罗斯在20世纪初是世界上最有活力的经济体之一，出现了许多企业，商业活动获得了较快发展。在此期间，也出现了多种类型的贸易商人，他们严格执行承诺的贸易交易，诚实而认真地为事业努力，非常重视信誉。俄罗斯商人和企业为俄罗斯的发展和繁荣做出了贡献，在赞助慈善事业方面也留下了历史的印记。俄罗斯历史悠久的慈善传统，为其社会保障制度的确立和发展奠定了良好的民间基础。

一、俄罗斯历史中的慈善和慈善事业

在俄罗斯，直到17世纪末，慈善绝大多数时间由教会主管。其间出现了少量被称为善行的个人行为，例如，慈善家费德勒·米哈伊洛维奇·吉塞夫与沙皇阿列克谢·米哈伊洛维奇共同合作，修建了寺院、教堂、学校、孤儿院，并施舍穷苦的人们。在18世纪初，国家把慈善机构集中在自己手中。彼得一世制定了国家扶贫的详细计划，但由于他的早逝该计划没有得到很好的执行。叶卡捷琳娜二世时期，发布命令创建公益慈善事业，建立了孤儿教养院。在后改革时期慈善机构成为具有私人和公共捐款双重属性的角色。到19世纪末，在慈善方面发挥主要作用的是小商人、实业家、银行家。

慈善是俄罗斯最古老的传统之一，随着基督教的传播一起来到俄罗斯。

私人慈善机构的发展是富有同情心的人在他人遇到困难、不幸、贫困时的一种表现。政府、民间社会组织应提供帮助，但国家从未有足够的资金用于这方面的社会需求，因此任何人都不应干涉私人捐赠者实现自己的愿望，以帮助那些陷入困境的人。而这样的禁令曾在俄罗斯出现过。[①]

慈善与其说是不够完备的公共援助的辅助手段，不如说是道德进步、健康改善的必要条件。过去俄罗斯重视的只有个人、直接的慈善机构提供的面对面的援助。[②]

在俄罗斯，济贫院大都掌握在教会手里。沙皇和大公逢重大节日会到救济院亲自施舍，走访困难群众。施舍在俄罗斯被认为是教育人民的一种手段。

在俄罗斯，原有的民间慈善往往是机械执行教会礼仪的一种手段：分发戈比的出发点仅仅是礼仪需要，而不是为了帮助有需要的人。沙皇费奥多尔·阿列克谢时期在发布一些限制无所作为的乞讨者及私自乞求施舍的指令的同时，继续解散慈善机构。

彼得一世是俄罗斯第一个试图禁止私人慈善机构的皇帝，认为它只会滋生懒汉。1705 年，他授意莫斯科警察和士兵，捕捉流浪乞丐并处以罚金，并规定慈善家须将给乞丐的施舍转交给教堂和修道院名下的救济院。因采用过于激进的方法，这种禁令并没有取得成功。因为彼得一世试图消灭贫困的现象，而不是消除导致贫困的原因。

伊丽莎白女皇和叶卡捷琳娜二世时期慈善成为一种时尚，私人慈善事业在上层阶层中得到发展。在这一领域获得崇高名望的包括别茨科伊，他曾就读于巴黎高等学校，后来毕生在俄罗斯致力于教育工作。由他倡议，在圣彼得堡修建了斯莫尔尼学院。

在叶卡捷琳娜二世时期的 1776 年，梁赞省第一公会商人彼得·达尼洛维奇·拉林（1735—1773 年）在其家乡捐赠资金用于“公立学校”以及农民银

---

① Соловьев С. М. Сочинения. Кн. 1. История России с древнейших времен, -М.: Голос, 1988.

② Захаров М. Л., Тучкова Э. Г. Право социального обеспечения. Москва, 2011.

行和教会建设。[①] 拉林原本打算用毕生精力从事“建设学校和其活动”。作为一个受过良好教育的商人，他对商人及农民的子女教育有自己的观点，认为“俄罗斯素质教育的培养，在于按照语法规则编写和阅读，注重语言和音节的纯度；宗教信仰；算术和几何等高等科学；更好地了解渔业以及必要的科学服务；贸易知识；让商人做会计账簿及账目”。然而，他的突然死亡中断了计划的实施。慈善和慈善事业是一种独特的俄罗斯商业道德。商人在俄罗斯社会和政治生活中发挥了重要作用。

私人慈善事业的迅速发展开始于自由主义鼎盛时期的亚历山大一世在位期间。妇女尤其是皇后成为慈善的主要推行者，保罗一世的妻子玛丽亚·菲德罗芙娜皇后创办了慈善组织“皇后玛丽亚慈善机构”。该机构一直维持到1917年。亚历山大一世的妻子伊丽莎白皇后创办了“人类帝国”和“妇女爱国会”两个机构，这两个机构从1802年至1900年为16万人提供了援助。[②] 最后一任沙皇尼古拉二世的妻子亚历山德拉皇后也给予慈善事业诸多帮助。

俄罗斯最早的专业慈善家是П·Г·奥尔登堡王子，他在42年中为弱势群体提供服务。在圣彼得堡市，他创办法律学校，即第一个寄宿制孤儿院。他在慈善事业中花费超过100万卢布。1889年在利津大街筑造了他的纪念碑，碑上题词为“开明慈善家”。[③]

企业家在慈善事业发展中占有特殊位置，这也反映了他们在社会中的地位。俄罗斯企业家做慈善的慷慨程度让同胞和外国人大为吃惊。因为俄罗斯商人拥有很多资产，在提高宗教信仰上商人也起到了重要作用，他们渴望永生的恩典和丰富的精神生活。他们意识到，通过私人捐助，可以让弱势群体从中受益。

---

①② Соловьев С. М. Сочинения. Кн. 1. История России с древнейших времен, -М.: Голос, 1988.

③ А. Ольховский, С. Тихонов, Здравоохранение России: 20 лет реформ, которых не было. СПб: несмотр-История, 2010.

在俄罗斯，由慈善组织构成社会救助体系，它们信奉东正教，以东正教教会作为基础，建设救济院和医院。许多世纪以来，寺院从事宗教活动的同时也从事医治病人的工作。他们积累的医学知识代代相传。

二、俄罗斯慈善事业对文化艺术的影响

俄罗斯的慈善家们赞助艺术与科学，帮助有需要的人，愿意提供更多资金发展教育和文化事业。

首先，贵族、商人、市民是科学、文学和艺术发展的支持者，他们有对知识、教育的渴求。许多著名收藏家如莫罗佐夫、特列季亚科夫、利布申斯基、巴赫鲁申，以及许多来自俄罗斯乡村的收藏家，都心甘情愿提供钱财发展祖国和家乡的教育和文化事业。

其次，俄罗斯企业家在公共教育、教育传播中发挥了重要作用，他们提供的资金有利于学校和图书馆等的建设。

再次，慈善关怀的一种形式是有产者对贫困者的帮助、怜悯和同情。很多企业家的整个家庭成员都是宗教信徒，与他人的关系中也留下了这种宗教印记。有产者捐赠资金用于寺庙的建设，建立收容所、医院等，一定程度上促进了宗教文化的发展。

最后，越来越多的企业家参与慈善活动。

西方的慈善是随着道德进步、法律完善、减税或免税政策的推出而出现的一种现象。在俄罗斯贫富两极分化现实下，私人慈善机构成为社会公平的调节器。但是，公益慈善制度无法为所有人提供足够的援助。自 18 世纪以后，出现了其他的慈善赞助形式，表现为艺术、科学的赞助形式，如建设大型图书馆，创立艺术画廊、剧院等，这些赞助为弱势群体提供了可靠的职业和收入。

支持各类文化事业成为俄罗斯商业一个功能。在 19 世纪下半叶，慈善达到当时历史最大规模，俄罗斯企业家为 19 世纪末 20 世纪早期民族文化的蓬勃发展创造了一定的条件。

三、宗教信仰与俄罗斯慈善事业

现代俄罗斯研究人员认为，俄罗斯企业家从事慈善活动的主要原因是宗教，宗教也决定了慈善事业的范围，宗教教育和轮回的信仰激励了俄罗斯的捐助者。

虽然大多数捐赠是有利于穷人的[①]，但俄罗斯的企业家并不真正关心劳动者。因为他们剥削工人，甚至有人做出结论，从事慈善事业和慈善更是俄罗斯商人炫耀性消费的一种表现。

莫斯科商人早在 16 世纪就设立了 12 个救济院和 1 所医院。除了慈善机构外，社会上很多莫斯科商人自掏腰包建立和维护医院、救济院、孤儿院等。例如，莫斯科商人博金、巴赫鲁申和莫罗佐夫筹建的儿童医院，为很多人带来健康并挽救了很多人的生命。

迈克尔·阿列克谢和瓦西里·格拉西莫夫兄弟是莫斯科最大的手工业商品贸易商，1865 年建立了拥有 150 个席位的济贫院。[②] 10 年后，在沙皇最高命令下，临终关怀由招商局接管，以亚历山大命名作为对皇帝的纪念，为年满 16 岁的基督教及慢性疾病患者进行免费治疗，没有等级、地位和性别的区别。[③]

俄罗斯企业家在慈善事业和慈善领域的活动可以以不同的方式进行评估。无论俄罗斯商人的动机如何，他们在慈善领域的活动的确促进了俄罗斯民族文化的蓬勃发展。慈善和慈善事业是社会活动的一种特殊形式，有很大的教育价值。俄罗斯艺术家斯坦尼斯拉夫斯基写道：“为了繁荣艺术，我们不仅需要艺术家，也需要商人。”

---

① Ставцева А. И. Исследование социалистических правовых отношений в сфере социального обеспечения. （Иванова Р. И. Правоотношения по социальному обеспечению в СССР. -М.：Изд-во Моск. ун-та，1986. -175 с.）//Вестник Московского университета. -М.：Изд-во Моск. ун-та，1986，No. 5.

② Бритиков А. Г. Социальная работа，-СПб.：Питер，2007.

③ Васильчиков В. М. Муниципальный сектор социального обслуживания пожилых людей и инвалидов：состояние，динамика развития，тенденции и перспективы//Муниципальная система социальной защиты населения：опыт，проблемы，перспективы. М.，2002.

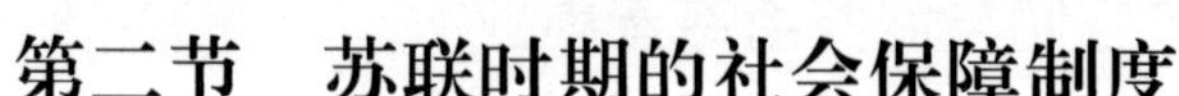

第二节　苏联时期的社会保障制度

苏维埃政权在建立之初即1917年11月就发出通告，规定国家为劳动者和为国家做出贡献的伤残军人提供养老基金与残疾抚恤费。1956年实施的《苏联退休法》规定，从企业的税金中抽取一定比例形成退休养老基金，由国家对养老金负责管理，但此时养老金制度只在国有企业和国家机关的工作人员中实行。1965年，苏联通过了《集体农庄庄员养老金和补助费法》，将享受养老金的人员范围扩大到集体农庄庄员。20世纪70年代后，苏联在1977年颁布了经补充后的新宪法，进一步健全了工人、职员和集体农庄庄员的社会保障制度，包括国家和集体农庄向年老、残疾和失去供养依靠的人提供赡养金，为他们提供全部或部分免费的疗养券和休养券。①

这种由国家包揽一切的社会保障制度，是同高度集权的中央计划经济体制相匹配的。尽管这套制度在维护社会稳定、满足劳动人民基本需要、提高国民的文化素质和健康水平方面发挥了相当重要的作用，但随着计划经济的弊端日益明显、经济增长速度放慢，以及人口的老龄化和退休人员数量增多，国家的财政负担不断加重，既有社会保障体制已难以维持正常运转。1987年，苏联部长会议和全苏工会中央理事会颁布《关于实行工人、职员和集体农庄庄员附加退休金自愿保险的决议》，规定采取个人和国家共同集资的办法设立保险基金。保险基金一半来自个人缴纳的保险费，一半来自国家财政，在职人员自愿投保，按月缴纳保险费，退休后每月可分别领取10卢布、20卢布、30卢布、40卢布、50卢布不等的附加退休金。

这些改革的目的是减轻国家日趋沉重的财政负担，也是苏联改革已有社会保障制度的尝试。但在旧的计划经济体制下，职工的一切都依附于国家和企业，要打破由国家统揽一切的社会保障机制并非易事。这一改革尝试未能

① Андреев В. С. Право социального обеспечения в СССР, -М.: Юридическая литература, 1974.

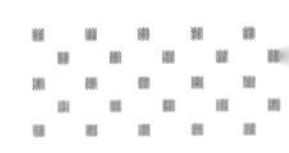

取得实际效果。苏联解体后，伴随着向市场经济过渡而来的是前所未有的经济衰退和预算紧缩。在这种情况下，原先的社会福利制度已不再适应新的政治经济形势，俄罗斯不得不对旧体制进行大的改动，以适应新形势的需要。

苏联社会保障被称为国家保险模式，侧重的不是通过社会再分配来减小社会不平等，而是通过社会保障制度实现社会保障待遇的全民平等享受。其目的在于让全民平等地享有由经济发展带来的社会福利。这种社会保障制度的主体是国家，国家不仅是社会保障制度的立法者和监督者，更是这项制度的执行者和实施者。个人作为社会保障的受益者，不需要缴纳任何保险费；社会保障的范围广泛，包括学生、职工、因公伤残人员、集体农庄庄员等；社会保障的项目丰富，覆盖生育、疾病、伤残、养老乃至丧葬补贴各方面；人民作为国家的主人，一律平等地享有社会保障待遇。

苏联的社会保障模式是与高度集中的计划经济体制相适应的，国家和企业负担全部社会保险费用。在社会转型过程中，俄罗斯经济急剧衰退，人民生活水平大幅度下降，但俄罗斯社会经受了“休克疗法”的打击，基本上保持了平稳，究其原因，应该说原有的社会保障体系功不可没。①

苏联的社会保障制度的产生有其历史的必然性，我们可以通过俄罗斯的历史传统及政治文化等侧面对其有一个深刻的理解。

一、苏联社会保障制度产生的历史必然性

1. 俄罗斯村社集体主义和东正教传统对社会保障制度的影响

村社制是俄罗斯社会最基本的特征之一。俄罗斯封建制度始于9世纪古罗斯国建立之初，延续到19世纪中叶（1861年），历时近千年。早期的封建社会就存在村社制（又称公社）。9世纪之前的古罗斯居民的劳动组织是农村公社，这是一种地域公社，公社内部全部土地归公社所有，以家庭为单位进

① Захаров М. Л., Тучкова Э. Г. Право социального обеспечения России. 2-е изд., испр. и перераб. -М.: изд-во БЕК, 2002.

行劳动生产。村社社员因天灾人祸向封建主借债或与其订立契约，被迫沦为依附农民的数量不断增加。14—15 世纪，以莫斯科公国为中心的东北罗斯开始了统一过程，并在 15 世纪末和 16 世纪初建立了中央集权的莫斯科国家。15 世纪末开始的农民农奴化现象，在东欧国家普遍出现。16 世纪，随着中央集权专制帝国的形成，农民农奴化的过程加剧，很多农民为了防止成为农奴而越来越依附于公社。公社的特点包括：①土地公有，定期重分。②连环保。表现在租税征收上，实行“征税对社不对户，贫户所欠富户补”的原则。在连环保中某户如果欠税，他将因连累全社而受到巨大压力；另一方面等于借租税征收实现削贫济富。③劳动组合。公社虽以“公有私耕”为主，但并非完全“单干”，在许多生产环节实行“集体主义”的劳动方式。④“村社民主”与“畜群式管理”统一。公社的“民主”与法制、“平均”与等级压迫、对其成员的“保护”与束缚，使俄罗斯成为一个“非个性化的集体主义意识的国度”。[①]

1861 年进行了“农奴制改革”及 1907 年开始搞“斯托雷平改革”。由于农业资本主义发展不足，自然经济还在农业中占优势，使得这些改革并没有达到摧毁村社的目的。1917 年俄国十月革命后，复活并强化了公社，消灭了独立农民。后来村社继续复活，到新经济政策时期的 1927 年有 96%的土地与 95%的农户在村社中。1927 年以后，苏联开始了全国性的集体化运动，用行政的手段以“全苏大公社”取代了 35 万个传统小公社。到 1929 年年初，“全苏大公社”包含了苏联 2 500 万个个体农户。就这样，苏联走上了一条非市场经济的道路。

从上述发展历程可以看出，俄罗斯有着村社集体主义的传统，有着专制主义的传统，这些传统综合到一起，使得俄罗斯缺少效率观念而更加重视社会公平意识。这种思想意识通过东正教进一步强化了：东正教的教义严厉谴

① 许艳丽. 转型期俄罗斯工会与社会领域的变化［M］. 北京：社会科学文献出版社，2016.

责追求暴利的企图，甚至谴责财富本身；东正教倡导大公无私、仁慈善良、造福大众、彼此信赖和自我牺牲。

俄罗斯人口主要是由贫困的农民组成，迅速工业化导致都市人口过密、环境拥挤及工人的工作环境、条件恶劣。俄罗斯曾想走德国的现代化道路，但没有成功。工人、农民与激进的知识分子相结合，夺取了政权。为了加速现代化的步伐，俄罗斯采取了更为强制的手段，由国家控制全部资源，全力推进工业化，建立了高度集中的社会主义计划体制。不言而喻，在这种大一统体制下，社会保障自然也应该全部由国家来承担。

2. 俄罗斯的政治文化对社会保障制度的影响

俄罗斯政治文化表现出集权的倾向，国家父爱主义传统深厚，“俄罗斯有着漫长的独裁传统”。① 当代俄罗斯政治家、前莫斯科市市长卢日科夫认为，决定俄罗斯社会经济进程特点的主要因素是，“在近千年的时间里，俄罗斯整个国家归一个人所有”。②

俄罗斯政治文化也表现出集体精神和对个性自由的否定。之所以如此，主要原因在于俄罗斯的村社制。自古以来俄罗斯绝大多数人口生活在村社之中，村社的各种制度在一代又一代的农民身上培育着集体主义精神。斯拉夫的或俄罗斯的民族精神自古就是集体主义的。

历史传统、经济、政治文化的现实引起苏联领导人的深思，他们深知，对苏联社会保障制度的设计，一方面需要建立鼓励生产、调动劳动者积极性的社会保障制度；另一方面也要尽力减少社会成员之间收入差距悬殊带来的社会动荡。因此，苏联国家保险型社会保障模式兼顾了社会公正、平等和人道，遵循以平等促进效率的基本价值准则。

二、苏联社会保障制度的积极贡献及存在的问题

如前所述，苏联社会保障制度的建立与本国的历史传统和政治文化有关，

---

① ［美］理查德·莱亚德等. 俄罗斯重振雄风［M］. 北京：中央编译出版社，2006.

② ［俄］弗兰克. 俄国知识人与精神偶像［M］. 上海：学林出版社，1999.

这些因素也使得苏联国家保险型社会保障制度在运行过程中产生了显著的功效，同时也出现了一些问题。

1. 积极贡献

十月革命后苏联人民真切体会到社会主义的优越性——苏维埃政权实行了免费教育和免费医疗制度，颁布了工人、职员在生病、丧失劳动能力时能够得到社会保障的法令，切实保障了人民的发展权。苏联社会保障制度的独有成就表现在以下几个方面：

（1）有力地促进了教育和科学事业的发展。苏联自古就有重视教育和科学的传统。国家从制度层面和资金方面支持教育事业的发展，支持教育和科学的发展是苏联社会保障制度安排中的重要方面。在教育文化方面，苏联更是舍得投入。苏联政府也从教育科技文化的巨大投入中获得了丰厚的回报。社会主义实现人的全面自由的崇高理想、追求平等的价值理念使苏联政府在设计社会保障制度时能够高瞻远瞩——它将人的发展放在重要位置。教育由国家承担、国民普遍享受的社会保障政策提供了个人在教育方面的机会平等，每个人都有通过勤奋学习改变自己命运的机会。教育科学的发展使苏联的国民素质整体提高。

（2）通过在不同时期制定不同的社会保障政策，有效调节了人力资源。苏联建国初期，为加速社会主义建设，通过颁布有关劳动保险的法令，赋予劳动者劳动保障权，鼓励有劳动能力的人工作。卫国战争导致人口出生率急剧下降，由此带来了20世纪60年代苏联劳动力资源严重不足的问题。[①] 为充分发挥退休人员丰富的经验、渊博的知识，苏联政府把有劳动能力的退休人员视为劳动力资源的重要补充，制定了鼓励有劳动能力的退休人员继续参加生产活动的政策。除了将退休人员继续工作作为人力资源补充外，苏联政府还实行鼓励妇女生育的社会保障政策，从劳动力再生产的角度补充人力资源

① Захаров М. Л. Социальное страхование в России：прошлое，настоящее и перспективы развития（трудовые пенсии，пособия，выплаты пострадавшим на производстве）. М.，2013.

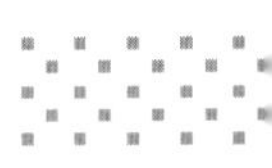

的匮乏，并且收效显著。

（3）苏联国家保险模式在运行中巩固了国家集体主义信念。苏联人民的国家集体主义信念固然与俄罗斯民族精神中国家至上和集体主义传统观念有关，但是苏联实行的国家保险模式对这一信念的巩固功不可没。在国家保险制度下，人不仅仅是属于自己家庭的人，更是属于国家的人。一个人从一出生起就有伴随他成长的教育、医疗、就业、养老保险等，由国家赋予的种种社会保障影响着人们对国家的信念，实现了个人与国家的高度统一。①

2. 存在的问题

尽管苏联的社会保障制度取得了重要的成就，但是随着苏联社会的变迁，它在运行中也出现了不少的问题，到了20世纪60年代末尤其明显。这主要体现在以下三个方面：

（1）个人激励机制的明显缺失。在苏联社会保障中，个人对国家的完全寄托与国家对个人没有任何实质约束形成了巨大的反差，权利与义务的严重不对称导致了个人激励机制的缺失，并且一旦这种观念成为社会主流就会使国家失去前进的动力，国家社会保障中以平等促进效率的目标也会因此而逐渐走向破产。时至今日，当俄罗斯因实行资本主义市场经济下的社会保障而强调个人责任时，部分俄罗斯人表现出一种对以往“无忧无虑年代”无限眷恋的情结，我们是否应该意识到个人激励机制的缺失是苏联国家保障制度带给俄罗斯人民的严重后遗症呢？

（2）国家保障的理念在现实执行中产生异化。苏联社会是一个阶级和阶层划分不太清晰的社会，在广大劳动群众之上，还存在一个通常说的“特权阶层”或“官僚集团”。② 除了权力因素之外，人们获得收入的手段是比较单一的，即从所在单位领取工资，收入数额也呈平均主义的倾向，这种倾向从20世纪50年代起越来越明显。勃列日涅夫时期，苏联社会保障制度中的“平

①② Лушникова М. В., Лушников А. М. Курс права социального обеспечения（2-е изд., доп.）. - “Юстицинформ”, 2009 г.

等”理念逐渐被“平均主义”代替，人们失去了对效率的关注，社会忽视个人在劳动中贡献大小的差异，造成了实际收入上的平均分配，人们不再全身心地投入工作，此时的社会保障显然失去了促进效率的功能。

（3）官僚主义、等级制度、“大锅饭”造成“走后门”、行贿受贿盛行。苏联早期就出现了腐败和特权现象，到了斯大林时期，腐败和特权现象有所发展，而官僚特权阶层的完全形成是在勃列日涅夫时期。

以上问题解决程度如何及俄罗斯面对新的社会制度所采取的对策都将影响着当今俄罗斯社会保障的改革进程。

第三节　俄罗斯转轨中出现的经济和社会问题

一、俄罗斯私有化改革带来社会保障体系的失灵[①]

社会保障体系的失灵是俄罗斯进行艰难的经济转轨所产生的最明显也最不幸的结果。

俄罗斯“私有化”最基本的经济背景是1991年12月苏联解体后，俄罗斯全面推行市场经济的发展道路，而其直接的经济背景是国有企业效益下降、国家用于商品和企业的财政补贴上升到了极其严重的地步。企业管理者利用手中与日俱增的权力中饱私囊。广泛的“灰色”经济为投机行为提供了巨大的可能。除此之外，控制腐败的力量没有形成。企业职员也无法反制管理者的不良行为。俄罗斯的企业为其职员提供医疗、住房、娱乐设施和学校。因此，职员不但需要依靠管理者保住饭碗，还需要依靠管理者以非常低廉的价格获得以上服务。

苏联解体后，俄罗斯采用了“休克疗法”和激进的私有化措施。国家在私有化过程中把大部分企业转让给能以企业普通股账面价值1.7倍的价格购买企业51％股份的管理者和职员，这使得外来的投资者无法获得控股权。政

① 许艳丽．转型期俄罗斯养老保障制度改革——我国可借鉴的经验及教训［J］．中国工人，2016（1）．

府失去了税基，但却继续对公司和社会资产进行补贴。在1992年，这些补贴高达550亿美元，接着在1993年降到200亿美元。[①] 然而，随着补贴的下降，税款拖欠就更严重了。

政府失去了税基，同时新建企业逃税和拖欠税款的现象非常严重，这使得社会保障的资金来源几近枯竭；另外，剧烈的通货膨胀使养老金的购买力大幅缩水。据统计，转轨后的俄罗斯名义月平均养老金和月平均最低生活费相差无几。

税款拖欠是预算约束变软的最重要的方式之一，但对养老金领取者产生了不良后果。国家税收不力并且对逃税漏税熟视无睹导致了财政危机，而政府为应付财政危机不得不放弃其转移支付职能。斯蒂格利兹在巴黎（1999年）做的题为“转轨中失灵的公司治理结构”的演讲中指出，不进行社会支付（如养老金）不仅是撕毁暗含的社会契约，而且还摧毁了对经济发展起关键作用的社会资本。[②] 这一点在政府明显地将大量财富转移到少数人手中的时候尤为严重。

其实，俄罗斯早在1990年就制定了《国家养老金法案》，规定社会保险同国家预算相脱钩，由俄罗斯联邦预算外自治养老基金（PFR）进行管理，且不得挪作他用。但是由于过分依赖政府财政补贴，同时侵占、挪用现象很严重，导致养老金的给付水平很低。1990年苏联出台了新的退休金制度，其立法主要还是根据20世纪五六十年代两个法律的原则，但有了一些改进，其资金来源为全国统一拨付的社会保障基金，领取范围也有扩大，还引进了一些新的措施。但该法公布不久即出现了全国性的大变革，1992年1月1日开始价格自由化，一年内价格指数增长了22.6倍，公民收入也产生了巨大差距。苏联时期个人的工资基金和退休基金差距不超过40%，全国范围内工资

---

① http://www.yandex.ru.

② Основные институты социальной защиты населения в Российской Федерации（конституционно-правовое исследование). Монография/Лепихов М. И. -М.: Изд-во РАГС, 2005.

差距不超过1∶5，变革后的20世纪90年代初，这一差距已达1∶20。1990年出台的退休金法律已失去意义，退休金变成了数额划一的救济金，与个人的工龄、资历、水平无任何关系。20世纪90年代，俄罗斯全国经济连年衰退，很多企业长期不缴税款，各种基金徒有其名，使原本捉襟见肘的退休基金出现了危机，1998年的金融危机使得情况更为恶化，退休人员连十分微薄的退休金也长期领不到手。后经政府采取措施，到1999年9月，长期拖欠退休金的问题才基本解决。这使主管部门意识到对这一问题要通盘考虑，因为危机不会只是一次性的，它有其周期性。

1991年12月27日，俄罗斯政府颁布《退休养老基金法》，建立了独立于国家预算的退休养老基金，实行国家、企业、个人三方分担的筹集方式，改变了过去单纯依靠国家预算拨款的局面。该法规定：男性从60岁、女性从55岁开始享受养老金待遇；企业雇主按工资总额的31.6%缴纳费用，工人和公司职员按本人工资的5%缴纳。[①] 之后政府又对该法做了修订，如延长养老金收入基数的计算期限、提高养老金最低标准等。

俄罗斯在1992—1994年大规模私有过程化中曾以“代金券”的形式向职工分配国有资产，希望以此来补偿“老人”的养老金，但由于权钱交易、暗箱操作，职工拿到手的“代金券”很少且同时有很多“代金券”以极低的价格转让出去。

俄罗斯也曾考虑过学习智利的模式，即实行个人养老金账户和养老基金的私营化管理，但是当时俄罗斯的市场机制还比较薄弱，私人管理养老基金也没有相应的监管制度作为保证，这种激进的方案遭到了国内和国际组织（如世界银行）的反对。由于资金匮乏，俄罗斯必须获得资金援助才能进行改革，因而俄罗斯答应世界银行考虑采取比较温和的改革方案。

俄罗斯养老保障制度改革从1995年开始建立“三支柱”养老保险制度。

---

① Основные институты социальной защиты населения в Российской Федерации (конституционно-правовое исследование). Монография/Лепихов М. И. -М.: Изд-во РАГС, 2005.

俄罗斯政府同意采纳世界银行的“三支柱”养老保险制度改革思路，并着手制定新版本的养老保险制度。1997 年俄罗斯公布了调整后的“三支柱”养老保险制度思路，被很多学者认为是俄罗斯养老保障制度改革的分水岭。其主要内容包括：第一支柱是社会养老保险。它仅提供给无力缴纳养老保险费的特困人群，其资金由政府财政提供。第二支柱是强制养老保险。它是养老保险体系中的核心组成部分。国家为所有退休人员建立个人账户，提供养老保险，其资金来源于受保者的缴费以及基金的收益。第三支柱是补充养老保险。它是私人管理的退休养老计划，所有人员都可以自愿参加。第三支柱采用基金制的运营方式，可以使职工在得到基本生活保险之外，还可根据个人意愿来购买补充养老保险，以便灵活调整退休后的生活。为了进一步鼓励补充养老保险的发展，俄罗斯政府先后采取了一些减免税收的措施，并且还允许私人基金进入养老保险行业，以解决原先公有养老储蓄基金运作效率和收益低下的问题。

由于 1998 年金融危机的爆发以及之后持续的经济低迷，“三支柱”养老保险制度并没有发挥其应有的功能，也无法得到很好的落实。

二、俄罗斯的人口危机①

俄罗斯的人口危机主要包括平均寿命下降、出生死亡比率（出生率÷死亡率）降低、劳动者早死率过高及早死年龄结构的年轻化几个方面。俄罗斯的人口危机对养老保险制度产生了多方面的消极影响。②

第一，经济转轨前俄罗斯的人均寿命长期高于世界平均水平，但转轨后降到世界平均水平。20 世纪 90 年代以来俄罗斯男性的平均寿命只有 60 岁左右，现行养老金制度规定男性领取养老金的起始年龄是 60 岁，这说明俄罗斯男性缴纳的养老保险费与他们所能享受到的养老金严重失衡，这会严重降低

① 许艳丽. 浅析俄罗斯人口状况对社会经济发展的影响——对我国的借鉴与思考 [J]. 社会保障研究，2016 (1).

② Захаров М. Л.，Тучкова Э. Г. Право социального обеспечения России. 2-е изд.，испр. и перераб. -М.：изд-во БЕК，2002.

俄罗斯男性的缴费意愿。俄罗斯女性的平均寿命曾长期保持在73.5岁左右，但经济转轨之后女性平均寿命也出现了较大幅度的下降，虽然总的变动幅度小于男性，但始终没有恢复到转轨前的水平。而女性过早领取养老金及其相对较长的寿命在客观上也加重了当期劳动者的缴费负担。

第二，据人口专家的调查，近几年来俄罗斯每年失去约100万人口，一方面是出生率很低，另一方面是酗酒、吸毒、生活压力等导致壮年劳动力的死亡率猛增。这样一来，俄罗斯养老金的筹集必定难以长期维持。

造成俄罗斯人口下降的主要原因是低出生率和高死亡率。自20世纪初以来，俄罗斯妇女的总和生育率不断下降，1901—1905年为7.12，1951—1955年降为2.86，1981—1985年再降为2.02，1996—2000年则只有1.23，百年间下降了82.72%，已经明显低于世代更替水平。20世纪七八十年代，俄罗斯人口出生率基本保持在14‰～17‰之间，同期死亡率大致在8‰～12‰之间，人口总量缓慢增长。进入90年代，出生率进一步下降，从13.4‰递减到8.3‰，而死亡率却由11.2‰递增到14.7‰，最高时达到了15.7‰，最终不可避免地形成了人口赤字。[①] 最近几年，俄罗斯人口出生率略微上升，但死亡率上升得更快，人口再生产能力仍然明显低于世代更替水平。

由于持续的低出生率，俄罗斯人口结构形成了突出的“倒金字塔”形，少年儿童数量越来越少，劳动力储备日益枯竭。1970—2005年，俄罗斯少年儿童占总人口的比重已由29%减少到17%。儿童数量的减少使老龄人口比重大幅度上升。按照国际惯例，当一个国家60岁以上的老年人口占到总人口的10%，或者65岁以上的老年人口达到总人口的7%，就意味着这个国家开始进入老龄社会。截至2005年1月，俄罗斯60岁以上人口已占总人口的17.33%，65岁以上人口占总人口的13.72%。[②] 因此，俄罗斯已经是名副其实的老龄化国家。

---

① 俄罗斯统计年鉴2002.

② 俄罗斯统计年鉴2006.

俄罗斯的老年抚养比总体上高达34%～36%，同期世界上老龄化趋势比较严重的国家其老年抚养比分别为：日本17.2%～24.2%，英国24.1%～24.3%，德国21.7%～23.7%，法国21.3%～24.8%。[①] 从国际比较来看，俄罗斯的老年抚养比处于极高的水平，这表明俄罗斯人口的老龄化程度已经非常严重。

第三，劳动者早死率过高和早死年龄结构的年轻化造成当期缴费人口减少。相对俄罗斯的人口状况来说，更为严重的问题是劳动者早死率过高和早死年龄结构的年轻化。所谓早死率是指各年龄段现实死亡率与理论死亡率的差值。据俄罗斯国家统计委员会统计，1992—2000年的9年间，男性的早死人数为199万人，早死率为20%（最高早死率为1994年的31%）。其中15～59岁年龄段人口的早死数为139万人，60岁以上有资格领取养老金的老年人口的早死数为60万人，从早死人数上分析，劳动年龄人口的早死数是老年人口早死数的2倍以上。[②] 如果说出生死亡比率的降低意味着潜在养老保险缴费人口的减少，那么劳动者早死率过高和早死年龄结构的年轻化就意味着当期缴费人口的减少，它不仅造成了当期劳动者缴费负担加重，而且也导致养老金总额的下降，从而不利于老年人口生活水平的维护与提高。

第四，很多西方国家都允许临时性或永久性的外来移民进入本国以缓解劳动力的不足，也可以起到促进税收的作用。但也许是由于历史上受到外族的入侵带来的心理障碍，俄罗斯拒绝把吸引外来移民作为解决问题的办法。

第五，俄罗斯若想采用延长退休年龄的方法也有严重的瓶颈，因为平均寿命（特别是男性）已经很低了。虽然普遍的观点认为提高退休年龄对解决养老金赤字很必要，但俄罗斯总统普京在2007年国情咨文中明确表明立场：非常明确，未来在俄罗斯提高退休年龄客观上不存在必要性，因为这不能从根本上解决退休保障问题。

---

① 俄罗斯统计年鉴2011.

② 俄罗斯统计年鉴2001.

第四节　政治、经济、文化对俄罗斯社会保障制度改革的影响

向市场经济转轨的需要和国际上社会保障制度改革榜样的推动，是俄罗斯社会保障制度改革的背景和动因。苏联解体后，俄罗斯作为苏联的继承者，在新的资本主义政治制度以及注重效率和兼顾公平的价值理念指导下，于1992年开始了社会保障制度的根本性改革。

一、叶利钦时期社会保障制度的改革

在叶利钦时代，俄罗斯整个国家政治和经济结构改造的主要任务是恢复国家权力机器，稳定政治和宏观经济。因此，这个时期俄罗斯社会保障制度改革的主要内容是建立失业救济制度，改革退休制度，推行强制性的医疗保险制度，完善社会福利和社会救助，建立多层次的社会保险体系，由国家、企业、个人共同负担社会保险费用。

由于在转轨初期放开物价造成通货膨胀失控，养老金的增长远远跟不上物价和工资的增长，财力严重不足；向市场经济转轨必然要求对原先由国家包揽一切的医疗保险制度进行改革。因此，俄罗斯在大体上保持免费医疗制度的前提下，退休养老基金和医疗费用的来源改变了过去一切由国家统包的办法，改为由国家、企业及个人共同负担。

苏联时期实行普遍就业的政策，基本上不存在失业问题，因而社会保障制度中也没有失业救济的内容。在向市场经济转轨过程中，失业问题日益严重，成为影响社会稳定的重要因素。由于俄罗斯长期处于集体主义的计划体制之下，国家的父爱主义根深蒂固，个人奋斗精神尚未得到普及，一下子把失业职工全面推向社会很难让人接受，但财政预算的困难又不允许对失业者进行慷慨的救济，只能在西欧的福利主义和北美的新自由主义之间采取折中

的方针。[1] 由于各方面因素的制约，叶利钦时期社会保障制度的改革严重滞后，正如俄罗斯著名经济学家阿巴尔金所说的那样，社会保障只是采取修修补补的形式，只能极简单地解决活命度日所需。

二、普京时期社会保障制度的改革

普京认为“政治和社会经济动荡、剧变和激进的改革严重消耗了俄罗斯民族的忍耐力、生存能力和建设能力，只有将市场经济和民主的原则与俄罗斯现实有机结合起来，才会有一个光明的未来”，他主张加强和巩固社会保障体系。普京总统上任后，“统一”“祖国”和“全俄罗斯”三个政党联合成一个全俄罗斯党，在国家杜马中形成了亲总统的多数，政府的任何一部法律草案都能得到比较顺利的通过。俄罗斯政府开始启动一系列改革，其中首先进行的就是养老保险制度改革和税制改革。

经济转轨过程中经济发展的不稳定性，以及制度设置自身存在的冲突（如新旧制度同时运行）和来自外部的意见和压力，也深刻地影响着政府的政策抉择。而日益严重的人口及老龄化危机则是迫使俄罗斯政府继续进行养老制度改革的另一个重要原因。

2000年俄罗斯总统大选前，国内的政治经济形势用一个字来形容就是“乱”：苏联解体后的十年动荡中经济总量严重缩水，政治危机频频发生，激进的私有化造就了极少数暴富的寡头，老百姓的处境每况愈下，本来已经很微薄的工资和养老金还被严重拖欠。普京总统上任后，俄罗斯政府启动的一系列改革首先进行的就是养老保险制度改革和税制改革。

2001年年初国际原油价格大涨，普京政府借此机会用石油出口换回巨额收入用于清理长期积欠的工资和养老金，并大幅提高了工资和养老金水平，居民的实际收入有了很大的增长。同时普京政府还出台了一系列刺激内需的政策，使增加了的工资和养老金可以通过更通畅的渠道流入物质生产部门，

---

① 许艳丽. 转型期俄罗斯工会与社会领域的变化［M］. 北京：社会科学文献出版社，2016.

促进经济增长。2001 年，俄罗斯国内需求对经济增长的贡献率达到 70%，而这里面国民工资和养老金的大幅增加成为拉动内需的主要动力。

2001 年年底，俄罗斯开始落实“三支柱”养老保险新制度。政府连续出台了 4 项改革养老保险制度的联邦法案，分别是《俄罗斯联邦国家养老保险法》（第 166 号）、《俄罗斯联邦强制养老保险法》（第 167 号）、《俄罗斯联邦劳动保险法》（第 173 号）和《俄罗斯联邦税法及关于税收和保险缴纳金规定的增补与修正》（第 198 号）。这次推行的“三支柱”制度对 1997 年的构想进行了较大的改进与完善，如放弃采用建立在现收现付制基础上的名义规定缴费，养老保险则由缴费形式变为按统一社会税的形式缴纳等。统一社会税把原来的 3 种国家预算外基金，即养老基金、社会保险基金、强制医疗保险基金的保险费合并到一起。统一社会税按工资总额的 35.6%征收，其中 28%用于养老基金，4%用于社会保险基金，3.6%用于强制医疗保险基金。[①] 其中，用于养老基金部分的 50%要作为养老金基础部分的保险费交到联邦财政部门，并通过联邦财政预算的方式予以发放，另外一半作为养老金保险和积累部分的保险费。这些都标志着俄罗斯对现收现付的养老保险制度进行了根本性的变革。

普京总统上台执政以来，非常重视社会保障制度建设问题，并从国家与社会发展战略的角度出发来考虑社会养老问题。在 2000—2002 年的 3 年间，俄罗斯政府将多年积欠的工资和养老金全部补发到位，同时大幅提高养老金水平。根据俄罗斯政府总理米哈伊尔・弗拉德科夫在 2006 年 7 月 31 日签署的法令，从 2006 年 8 月 1 日起俄罗斯养老金中的保险部分提高 6.2%。法令规定，在价格上涨的情况下，养老金中保险部分的指数每半年（6 个月 1 次）至少增长 6%。这样，养老金的联邦法律标准得到了执行。从 2006 年 4 月 1 日起，国家将养老金中的基本部分和保险部分分别相应提高了 8.5% 和

① Право социального обеспечения：учебник и практикум для прикрадного бакалавриата/под ред. В. Ш. Шайхатдинова. -3-е изд.，перераб. и доп. -М.：Издательство Юрайт，2015.

6.3%。俄罗斯81%退休人员的养老金每月平均增长了201卢布，达到近3 000卢布。从2002年到2006年，俄罗斯的养老金名义上涨了2.4倍，实际上涨了1.4倍①，并且俄罗斯计划再增加养老金金额。普京总统在解决拖欠工资和养老金问题上的贡献，被认为是其任期内最伟大的成就之一。

2008年普京当选俄罗斯总理，2008年俄罗斯退休基金收入与2007年相比增长了40.2%，达到27.3亿卢布，全年总计支出23.6亿卢布。2009年收入33亿卢布，支出30亿卢布。目前，俄罗斯退休人员养老金由基本养老金、养老保险金和养老储蓄金三部分组成。

表1—1所示为2009年3月1日统计的俄罗斯退休人员数量及平均退休金数额。

表1—1 俄罗斯退休人员数量及退休金发放统计（截至2009年3月1日）

退休人员类别	退休人员数量（千人）	平均退休金金额（卢布）
全体退休人员	38 650 (1)=(2)+(3)	4 741
领取劳动退休金人群	35 758 (2)=(a)+(b)+(c)	4 842
其中包括：		
年老退休人群	30 236 (a)	5 104
残疾退休人群	3 839 (b)	3 657
失去供养人的人群	1 683 (c)	2 841
国家退休保障给予退休金人群	2 892 (3)	3 483
其中包括：		
现役军人及其家庭群体	64	4 552
领取社会退休金人群	2 516	3 260
领取两份退休金人群（由于战争创伤造成残疾）	149	12 257
领取两份退休金人群（参加第二次世界大战军人）	344	12 141

① Лушникова М. В.，Лушников А. М. Курс права социального обеспечения（2-е изд.，доп.）. -“Юстицинформ”，2009 г.

续表

退休人员类别	退休人员数量（千人）	平均退休金金额（卢布）
领取两份退休金人群（第二次世界大战中牺牲军人遗孀）	37	9 341
领取两份退休金人群（第二次世界大战中牺牲军人父母）	42	8 566

注："退休人员数量"中第（3）项下的各分项中有重叠群体，不存在数量上的总分相等关系。
资料来源：俄罗斯国家退休基金网站，2009年。

从2009年3月1日起，基本养老金增加了8.7%，到2009年12月1日，同比再增加31.4%，至此，基本养老金数额将达到2 562卢布。除此以外，从2009年4月1日开始养老保险金增长了17.5%，到8月1日同比增长7.5%。①

"我们计划在社会领域提高社会补助金、退休金——一切都将实现"，俄罗斯政府总理普京说，当他回答民众提出的关于金融危机及对俄罗斯人未来生活的改变问题时，他提出"我们将使一切提高社会补助的计划得以实现"。② 2010年俄罗斯开始新一轮养老保障体系的改革，最大的举措是由"强制养老保险缴费替代统一社会税"。2015年起采用积分制的劳动养老金给付额度计算公式。

尽管普京的改革取得了一些成就，但叶利钦时代遗留下来的一些深层次问题尚未得到解决，从整体上看，俄罗斯在转型期间社会保障制度的改革严重滞后，问题不少。影响俄罗斯社会保障制度改革的两个变数是70多年计划体制传统的巨大影响，以及现实政治中各利益集团的力量对比。

三、俄罗斯社会保障制度改革给社会带来的影响

不可否认的是，虽然俄罗斯经历了政治和经济转轨的剧烈震荡和巨大阵

① 俄罗斯劳动与社会保障部官方网站。

② В. Путин Строительство справедливости социальная политика для России Комсомольская правда. 13 Фев. 2012.

痛，但社会却保持了相对的稳定，究其原因，应该说原有的社会保障体系功不可没。但与此同时，也给社会带来一定的消极影响。

1. 俄罗斯社会保障制度改革给人民生活带来的影响

（1）中小企业在创造就业、提供福利保障等方面部分承担起了国家责任。而且，随着医疗保险、公共设施服务等领域法律的不断完善，中小企业在这些责任的分摊中，所占比重还将越来越加大。

（2）俄罗斯年轻一代更崇尚独立、自由和对命运的自我掌控，对遗留下来的苏联式的道德和行为准则以及集体观念不屑一顾，热爱工作、勤奋努力、追求机会的平等而不是平均主义，改革后的社会保障制度更是对年轻一代这种特点的鼓励和保障，这些都有利于俄罗斯社会不断走向良性化的发展方向。

（3）俄罗斯人的收入虽不高，但他们的生活开销相比西方发达国家明显偏低。再者，俄罗斯经济转轨过程中出现的一个重要社会现象是，俄罗斯人通过租赁、外汇、兼职以及从事影子经济[①]获得额外收入，隐性收入在居民收入中的比重越来越大。转轨以来，影子经济在居民的收入中占到了25%～30%的比重。

还需要指出的是，在俄罗斯，根据规定，农村居民可以种植0.2～0.3公顷的宅旁园地（自留地）。城市居民可以在市郊获得数量相当的别墅园地。大多数居民家庭在宅旁园地和别墅园地种植水果和蔬菜来弥补收入的不足。

2. 俄罗斯社会保障制度改革带来的消极影响

（1）社会支付、优惠和补贴的分配不公。俄罗斯社会保障制度的改革是伴随着由计划经济向市场经济的转轨过程而进行的。在社会主义条件下，社会保障制度所提供的各种优惠、补助和补贴具有平均主义的性质和计划分配社会福利的色彩。然而，在向市场经济的转轨过程中，这种平均分配社会福利的制度却没有随着社会结构、经济结构的多样化以及不同居民群体收入差

① 影子经济又称地下经济，指国家无法实行税收管理与监控的经济市场。

距的拉大而发生相应的变化。

(2) 资金匮乏，拖欠严重。在经济状况十分险恶的环境中艰难推行的社会保障制度改革，遇到的最大困难便是资金匮乏。越来越多的养老金、残疾金领取者以及生活困难的家庭被抛到社会最贫困的底层。由于缺乏资金保证，医疗部门陈旧的设备难以更新，免费医疗的质量和效率难以提高。居民的健康状况恶化，患病率提高。居民健康水平和平均寿命的下降以及人口缩减的趋势加大了俄罗斯社会保障的负担。

(3) 灰色经济[①]之风严重，既减少了国家税收，同时也很难精确计算每一个家庭的实际收入，一些不该享受救济的人反而能享受到救济，而真正急需救济的人却无法得到救济。在俄罗斯，实际上存在着与官方经济并驾齐驱的、规模相当可观的“隐蔽性经济”。

总之，社会政策的制定与国家制度、历史文化、风俗以及生产方法等都是密切相关的。随着政治与经济体制的变迁，苏联大包大揽式的社会福利政策难以为继，从养老金、医疗保险一直到老年人的交通补贴、免费住宅等，这一切都不得不转入新的社会—市场统筹解决途径。社会保障制度的改革成为当前影响政治稳定，并且从长时期看也是俄罗斯社会能否持续发展的一个重要方面。

第五节　俄罗斯实行社会保障制度改革的深层次原因分析

转轨以来持续不断的经济衰退使企业拖欠社会保险基金和各种补贴缴费的现象十分普遍，再加上全社会（尤其是地方政府）对社会保障还缺乏应有的认识，财政拨款不能及时到位，致使社会保障资金严重匮乏，无法满足日

① 灰色经济也称地下经济，是国民经济体的一部分。一般认为国民经济可以分成两部分：正式的（正规的）经济和灰色经济（非正式、非正规的经济）。灰色经济包括所有创造价值的经济活动，但是它们没有被列入国民经济总决算中，即没有被包括在正式公布的国民生产总值中。国民经济中真正的价值创造因灰色经济而未被全部反映出来。

益增长的各种支出的需要。所有这些都是制约社会保障事业良性发展的重要因素，也是在进一步改革中急需解决的问题。

一、对处于经济转轨中的俄罗斯来说，建立社会保护的新模式是形成公民社会和法治国家的基础

俄罗斯学者认为，俄罗斯如果原封不动地保留实施旧有社会政策的方法，只能使消极趋势越演越烈。这就要求国家制定实施社会政策的新战略，从国家大包大揽模式即家长式过渡到国家救助模式。西方发达国家在福利制度改革中已普遍接受救助模式的观念。救助模式之下政府只负责特殊社会群体的保障。在俄罗斯这将意味着全体公民能够免费享受基本社会服务，首先是教育和卫生医疗服务。在削减对富裕家庭援助水平的同时，社会支出转向利于居民中弱势群体的再分配。这种模式要求政府从社会保护的角度制定国家的社会政策。社会保险是国家以国民收入再分配的手段保证社会公平的重要途径。社会保险的再分配功能的实质在于，在所有被保险者、所有雇主与国家三者之间分配承担社会风险的物质责任。

二、低估国家的调控作用，国家自主性的降低是俄罗斯转轨以来令人注目的趋势之一

俄罗斯社会转型时期产生各种社会保障体系失灵，这些问题与过渡中的社会利益格局变动相关。一种制度安排，实际上就是一个利益分配方案，它的稳定存在说明各方的利益之间达成了均衡。在改革中失去部分权力，进而失去既得利益的政府官员是改革的主要阻力之一。转轨时的俄罗斯政府被强大的产业利益集团、新的“权贵”阶层所控制，政府为各利益集团慷慨地承诺提供援助。[①] 改革以来，理顺政府与企业的关系一直是俄罗斯经济改革始终如一的主题，虽然经济体制改革的基本目标之一就是政府从具体的经济事务中脱离出来，并赋予企业经营的自主权，但实际上政府和官员却更深入地介

① Л. Федорова К вопросу о действенности социальной политики//Экономист. 2013. No. 4.

入到经济活动当中；虽然激进改革的基本目标之一是从政府统治的计划经济转向市场经济，但政府却不是更加超越于市场之外，而是日益成为市场经济中的一个积极的行动者和利益主体。于是，在俄罗斯，一些经济学家称之为政府行为企业化、市场化的趋势出现了。所谓俄罗斯与大多数东欧地区政府行为企业化和市场化，指的是这样一种现象，即在微观层面上，政府与经济活动特别是与企业活动出现新的结合，政府按照企业性的目标定义自己的目标趋向，安排自己的活动，片面追求经济效益，忽视政府所应承担的其他功能，出现就业（失业）甚至社会保障失灵问题。

三、在社会保障制度中存在严重的分配不公现象

社会保障制度中实行不同的社会保障标准，造成对某些劳动者（主要指贫穷的居民阶层）的歧视。各种社会保障量化指标没有同缴纳相应的基金数额挂钩，这主要是指暂时失去劳动能力、疗养服务等的补贴数额和失业救济金的发放。结果是缴纳同样的社会保险费，却得不到相应的社会保障待遇。这种权利和义务相脱离的情况严重违背社会保障制度的公平原则。这种既无效率又失公平的社会保障制度不仅没有很好地发挥其应有的收入再分配的功能，反而扩大了社会两极分化，使原本尖锐的社会矛盾更加突出。据俄罗斯媒体透露，64％生活在贫困线以下的家庭不能领取儿童补贴，而这项补贴可能构成其家庭收入的20％～50％；而同时，所支付的60％的儿童补贴却发给了生活富有的家庭，这些补贴仅仅占其家庭收入的1％～3％。① 其他的社会支付和补贴的发放也存在着类似的情况。例如，在发放的失业救济金中，40％以上发给了富有家庭，而社会上10％最贫困家庭的失业者所领取的失业救济金却只占总额的1％。临时丧失劳动能力的补贴也是如此：最富有的家庭约占补贴总额的75％，而最贫困的家庭所占的份额只有28％。②

四、国家应该制定合理的劳动报酬制度

从最低工资水平来看，俄罗斯的最低工资标准有恶化趋势。不同国家的

①② http://www.ramble.ru.

最低工资标准尽管不尽相同，但总的原则是一样的，即不能低于最低生活标准。俄罗斯政府虽然强调最低工资是保障最低生活标准的最有效手段，但因其不能保障最起码的生活需要，最低工资已失去应有的社会经济意义。最低工资与最低生活标准的比率从1993年的0.21降至2000年的0.065；2001年最低工资仅相当于1993年水平。2003年俄罗斯政府提出，应把最低工资提至每月600卢布。俄罗斯国家杜马代表认为该工资额的绝对数仍显过小。①

俄罗斯有关学者认为，从经济上讲，要使保障居民最低食物消费和非食物消费的最低工资达到最低生活标准是不可能的。其一，最低生活费随着物价指数定期调整。人均最低食物消费量每5年调整1次。随着经济的发展，消费结构会有变化，即使按不变价格计算，食品和服务支出份额上升是必然趋势。其二，从最低食物消费的价值量来看，即使按最低价格计算，最低生活费也将不断增长。而最低工资要达到最低生活费标准，只能依靠经济以外的措施才能办到。同西方国家相比，俄罗斯的最低工资问题很严重。例如，2003年法国月平均最低工资达到1 154欧元、希腊605欧元、英国1 105欧元。即使独联体其他国家的最低工资也比俄罗斯高许多。例如，2003年4月乌克兰、哈萨克斯坦和白俄罗斯的月最低工资标准分别为35美元、33美元和20美元，而俄罗斯同期仅为15美元。②

俄罗斯学者建议，最低工资应指数化，而且增幅不能低于平均工资。根据联合国消除贫困的标准，对俄罗斯这样的国家每天最低工资不能低于2美元；根据欧洲委员会的建议，俄罗斯最低工资不能低于平均工资的60％。俄罗斯国家杜马代表认为，至少应规定其工资水平比国有部门高1倍的商业部门的每小时最低工资不低于10卢布。应通过立法，规定纳税后的实际工资不能低于最低工资水平。③

---

①② Состояние и перспективы развития системы социальной защиты в России/Золотарева А.［и др.］. -М.：Ин-т Гайдара，2011.

③ Право социального обеспечения：учебник и практикум для прикрадного бакалавриата/под ред. В. Ш. Шайхатдинова. -3-е изд.，перераб. и доп. -М.：Издательство Юрайт，2015.

五、未曾认识到社会保障制度形成的非短期性

向市场经济转变是一个长期过程，需要几代人的艰辛努力才能实现。对于社会保障制度来说，过渡时期的特征是：投资额下降，主要社会保障基金的有形磨损和无形磨损速度加快。也就是说，职工的劳动保护水平大大降低，生产环境状况严重恶化，劳动强度经常毫无控制地增加。在这种情况下，职业性和生产性疾病的发病率、生产性事故就会急剧上升，工人的健康状况进一步恶化，职业风险水平比较高的部门尤为如此。对许多企业来说，经济上的自主性往往伴随着财政上的不稳定性。这就决定了过渡时期的社会保障问题不单纯是经济问题和社会问题，它也是一个非常重要的政治问题。

总之，俄罗斯有深厚的慈善文化和社会保障传统，特别是在苏联解体后，俄罗斯社保改革在不断试错与调整中寻求完善，改革重视本国人的实际需求，尊重本国的政治经济历史文化的特点，在适应国际社会保障制度改革大潮的同时，政治精英达成基本的政治共识，并引导理论共识，使得俄罗斯人民保持相对稳定的安全预期。俄罗斯的社会保障制度改革基本遵循大国之道，保持了本国应有的基本特色。

第二章

现行俄罗斯社会保障体系及其特征

俄罗斯的社会保险是社会保障体系中最重要的一部分，包括三个层次，即强制性社会保险、自愿性社会保险和国家保障性社会保险，其中占主要地位的是强制性社会保险。①

俄罗斯强制性社会保险体系中的保险人包括俄罗斯联邦养老基金、俄罗斯联邦社会保险基金和强制医疗保险联邦基金。目前劳动与就业联邦部门行使保险就业、支付失业津贴的职能。

俄罗斯联邦养老基金保障支付老年人、残疾人和失去供养人的养老金。俄罗斯联邦社会保险基金保障并支付暂时失去劳动能力和生育保险、工伤与职业病保险。强制医疗保险联邦基金向卫生保健部门强制医疗保险项目的医疗服务拨款。其中，2015 年制定的强制性社会保险的保险费率见表 2—1。

表 2—1　　2015 年制定的强制性社会保险的保险费率

计算保险费率的基数	俄罗斯联邦养老基金	俄罗斯联邦社会保险基金	强制医疗保险联邦基金
670 000 卢布以内	22%	2.9%	5.1%
670 000 卢布以上	10%	0	0

资料来源：俄罗斯劳动与社会保障部官方网站。

强制性社会保险对工伤和职业病根据 32 种不同职业风险规定不同的费

① Графова В. С. Социальное страхование и его функции//Гуманитарные научные исследования. 2014. No 4.

率，职业风险的种类取决于投保人经济活动的基本类型，最低费率为 0.2%（1 级职业风险），最高费率为 8.5%（32 级职业风险），见表 2—2。

表 2—2　　32 种职业风险的保险费率

1 级职业风险	0.2%	17 级职业风险	2.1%
2 级职业风险	0.3%	18 级职业风险	2.3%
3 级职业风险	0.4%	19 级职业风险	2.5%
4 级职业风险	0.5%	20 级职业风险	2.8%
5 级职业风险	0.6%	21 级职业风险	3.1%
6 级职业风险	0.7%	22 级职业风险	3.4%
7 级职业风险	0.8%	23 级职业风险	3.7%
8 级职业风险	0.9%	24 级职业风险	4.1%
9 级职业风险	1.0%	25 级职业风险	4.5%
10 级职业风险	1.1%	26 级职业风险	5.0%
11 级职业风险	1.2%	27 级职业风险	5.5%
12 级职业风险	1.3%	28 级职业风险	6.1%
13 级职业风险	1.4%	29 级职业风险	6.7%
14 级职业风险	1.5%	30 级职业风险	7.4%
15 级职业风险	1.7%	31 级职业风险	8.1%
16 级职业风险	1.9%	32 级职业风险	8.5%

资料来源：俄罗斯劳动与社会保障部官方网站。

第一节　俄罗斯联邦养老基金

俄罗斯联邦养老基金划分为以下两种基本类型。

一、国家养老保障养老金

国家养老保障是根据国家养老保险法的规定，由联邦财政或联邦财政主体支付的，区别于劳动保险由保险基金支付。

国家养老保障每月现金支付，实现以下目的：

1. 对因达到法律规定的服务年限开始领取老年人劳动退休金或残疾人劳动退休金的联邦国家公务员，因超出服务年限退休的航天员、进行飞行试验的劳动者给予工资补偿。

2. 对参加军事工作，因辐射或技术事故造成残疾或者失去供养人，达到

法律规定年龄时给予健康损失补偿。

3. 对无劳动能力公民提供生活费用。

有权领取国家养老保障养老金的人员有以下几类：①联邦国家公务员；②军人；③参加卫国战争和获得“列宁格勒围城战”勋章的公民；④因辐射或技术事故经受苦难；⑤航天员；⑥飞行试验者；⑦无劳动能力者；⑧失去抚养人与死者有关的家庭成员。

在俄罗斯联邦领土内长期居住的外国人和无国籍人，和俄罗斯联邦公民同样有权领取国家养老保障养老金。

二、养老保险（强制性和自愿性）

强制养老保险保险金，根据相应的保险费率确定的数额在俄罗斯联邦养老基金积累。强制养老保险养老金的基本类型包括：①老年人的劳动养老金；②残疾人的劳动养老金；③失去扶养人的劳动养老金。[1]

能够领取劳动退休金的，是根据 2001 年 12 月 15 日第 167 号联邦法律《关于俄罗斯联邦强制养老保险》和 2001 年 12 月 17 日第 173 号联邦法律《关于俄罗斯联邦劳动退休金》进行投保的公民。被保险人在俄罗斯联邦养老基金有个人账户，个人账户由养老金保险部分和积累部分组成，每个劳动者从其劳动活动开始时就要开设个人账户，积累部分必须作为未来退休金。

第二节　强制医疗保险基金

1991 年 6 月通过《俄罗斯联邦公民医疗保险法》，推出公民医疗保险的新举措，即实行强制医疗保险和自愿医疗保险。

强制性医疗保险是国家社会保险的一部分，提供给所有俄罗斯公民平等的机会，使公民能够获得强制性医疗保险计划金额内的医疗及药品援助。强制医疗保险的实施具有法律强制力，而自愿性医疗保险的实行是基于投保人

---

① Галаганов В. П. Проблемы обязательного социального страхования（правовой аспект）: монография. -М.: ИД АТИСО, 2009.

和保险人之间签订的自愿协议。

在俄罗斯，强制医疗保险系统的资金由两个来源构成：①联邦预算拨款；②企业、团体和其他法人实体缴费。医疗保险基金的缴费，目前是工资总额的3.6%，其中0.2%上缴联邦基金，3.4%上缴地区基金。对于没有劳动收入的居民，国家为其办理医疗保险，保险费从国家预算中支出，其中保险费的缴纳占强制医疗保险收入总额的90%以上。

1993年11月10日，俄罗斯联邦第1018号政府部长理事会相关决议规定，强制性医保的保费需要所有的经济实体缴纳，不论所有制及组织和法律形式，包括：组织，机构，企业；农民（农场主）的家庭村社，北部从事传统农业的原住民族的社区；个体户；自由职业者。残疾人、退休者创建的企业和组织或残疾人、退休者人数超过50%的企业和组织可免缴强制医疗保险金。

自愿投保的保费由被保险人支付，如果集体投保由企业支付，个人投保则个人支付。医疗保险公司设定支付的税率，在自愿医保计划的框架内由医疗机构提供医疗服务。按照未动用资金的合同条款，自愿医保保费可以退还给被保险人（公民）。

第三节　俄罗斯联邦社会保险基金

俄罗斯联邦社会保险基金负责三种形式的强制社会保险：一是暂时失去劳动能力的；二是生育；三是工伤与职业病。

2006年12月29日俄罗斯联邦第255号法律关于暂时失去劳动能力及与生育有关的强制社会保险规定有：①调整暂时失去劳动能力和与生育有关的强制社会保险体系的法律关系；②确定保险范围、指定保险类型及享有强制保险保障的类型；③规定暂时失去劳动能力和与生育有关的强制社会保险主体的权利与义务；④给规定的保险类型确定保障的条件、规模和方法。

一、津贴类型

1. 暂时失去劳动能力津贴；

2. 妇女一次性津贴，用于孕早期支付医疗机构的费用；

3. 生孩子期间的一次性津贴；

4. 抚养孩子到一岁半，照料孩子的每月津贴；

5. 因生产带来的损伤和疾病津贴；

6. 葬礼的社会津贴。

二、津贴内容

1. 暂时失去劳动能力

暂时失去劳动能力津贴的标准取决于保险年限与劳动者的平均工资：①保险年限5年内支付平均工资的60%；②保险年限5年至8年内支付平均工资的80%；③保险年限8年以上支付平均工资的100%；④保险年限少于6个月的劳动者其津贴支付的标准不能超过按月的最低工资标准（2015年劳动收入最低标准为5965卢布）。①

2. 怀孕和生育津贴

怀孕和生育津贴中包含的假期总和：生育前后各70天；难产的情况假期为生产后86天；怀孕多胎的假期为生产前84天，生产后110天。

怀孕与生产津贴对女职工保障100%平均工资。女职工的保龄不满6个月的，津贴支付的标准不超过月最低劳动收入标准（5 965卢布）。

需要指出的是，暂时失去劳动能力与怀孕生育津贴最高限额不得超出俄罗斯社会保险根据现行法律加算保险费后的最大额。2013年不超过568 000卢布；2014年不超过624 000卢布；2015年不超过670 000卢布。②

妇女孕早期需支付给医疗机构的一次性津贴（怀孕12周以内），从2015年1月1日起为543.67卢布。此津贴与怀孕生育津贴同时发放。③

妇女生孩子期间的一次性津贴：法律规定由父母中的一人或孩子监护人领取妇女生孩子期间的一次性津贴，从2015年起此津贴为14 497.8卢布。④

①②③④　俄罗斯劳动与社会保障官方网站。

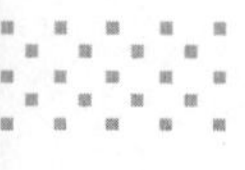

如果妇女生育双胞胎或者多胞胎，每个孩子都能领取。如果生育死胎的不能领取。

照顾孩子至一岁半期间的每月津贴：在出现照顾孩子到一岁半的保险情形前一年投保，按照平均工资40%的数额支付两年的津贴。最低标准在2015年不少于2 718.34卢布。照顾第一个孩子的津贴为5 436.67卢布。①

3. 工伤与职业病津贴

俄罗斯社会保险基金是根据1998年8月24日125号联邦法律《关于工伤和职业病的强制性社会保险》规定工伤和职业病强制性社会保险的基本原则：

（1）工伤和职业病的投保人是所有的雇佣劳动者；

（2）投保人需要支付保险费；

（3）根据职业风险的等级确定不同的保险税率；

（4）保障保险权利；

（5）保险各主体的经济利害关系在于改善劳动条件和提高劳动安全，降低工伤和职业病。

相关政府机构调查及登记造成劳动者工伤的原因包括（与法律相适应的）：①热射病；②烧伤；③冻伤；④溺死；⑤电击伤（包括闪电击伤）；⑥昆虫咬伤及蜇伤；⑦因爆炸、事故、建筑物拆除及建造、自然灾害等造成的外部损伤；⑧其他因危险生产带来的健康损害等，造成劳动者转岗，暂时或永久性失去劳动能力或者死亡。

相关政府机构还要对工伤事故进行调查并形成书面报告。对工伤事故进行调查的依据是：①俄罗斯劳动法第229条、291条、292条和293条；②2002年10月24日由俄罗斯劳动部通过的第73号决议《关于对不同部门和组织生产中工伤事故进行调查的规定》。

俄罗斯政府于2000年12月15日通过的967号决议《关于调查登记职业

① 俄罗斯劳动与社会保障官方网站。

病的规定》，内容为：职业病是劳动者因为生产因素危害而形成的急性或慢性病。急性职业病是劳动者在一个工作日或者一个班期间受到生产因素的危害。慢性职业病是生产因素对劳动者形成的长期性伤害。经过全面详细的调查查明劳动者健康状况并确定职业病是与职业活动有关后，对职业病事实形成职业病理学报告。

俄罗斯联邦第125号法律规定因生产患病可得到以下保险保障：①暂时失去劳动能力津贴；②一次性和每月的保险支付；③支付因医疗、社会或职业康复增加的额外支出。

因医疗、社会或职业康复增加的额外支出和生产患病相应的康复项目的额外支出包括：

（1）在严重生产事故后直接因投保进行的治疗；

（2）保障药物、医疗制品和个别照料；

（3）因患病接受的医疗和生活照料；

（4）因医疗和社会康复产生的交通费（包括必要的陪同人员）；

（5）疗养治疗；

（6）定做或修理假肢或矫正器；

（7）保障康复的技术工具、交通工具；

（8）职业培训（再培训）。

丧葬费社会津贴支付给死亡的劳动者或其未成年亲属，2015年丧葬费津贴为5 277.28卢布。2014—2016年工伤及职业病强制性社会保险最高津贴额度见表2—3。

表2—3　2014—2016年工伤及职业病强制性社会保险最高津贴额度　单位：卢布

津贴种类	2014年	2015年	2016年
工伤及职业病期间暂时失去劳动能力津贴的最高额	≤247 680	≤258 840	≤270 480
工伤和职业病期间每月保险支付的最高额	61 920	64 710	67 620
一次性保险支付总额	80 534.8	84 158.9	87 946.1

资料来源：俄罗斯劳动与社会保障官方网站。

第四节　俄罗斯社会保障制度的管理体系

俄罗斯社会保障制度涉及的国家管理体系包括社会保障的执行机关和单位，分为两个相互关联的分支：联邦国家权力运行机构和联邦国家机关，还有俄罗斯联邦各主体国家权力运行机构和国家机关。

联邦权力运行机构包括俄罗斯卫生部、劳动部、国防部、内务部、司法部等及其地方机关，劳动部在其中占有重要地位。2012 年 5 月 31 日俄罗斯联邦政府通过第 535 号决议《俄罗斯联邦劳动与社会保障问题》，明确劳动部是联邦权力执行机关，负责制定和实施人口、劳动、生活水平和收入、劳动支出、养老保障（包括非国有养老保障）、社会保险、劳动条件与保护、社会合作与劳动关系、就业与失业、劳动移民、国家公务员（除劳动报酬问题）、居民社会保护与社会服务（包括家庭、妇女与儿童社会保护、残疾人康复、社会医疗鉴定）等领域国家政策和调整法律规范。

2012 年 5 月 31 日第 533 号决议《关于俄罗斯联邦卫生部，卫生领域监督机关和联邦生物医疗代办处若干问题》规定，卫生部负责协调和监督卫生领域从事监督的联邦公务员、联邦生物医学代办处和联邦强制医疗保险基金的活动。

军人、法律保障机关成员及其家庭的社会保障的联邦执行机构由入伍地和进入法律保障服务地执行。

强制性社会保险由养老保险基金及其地方机关、俄罗斯联邦社会保险基金、医疗机构来支付。

俄罗斯联邦养老基金及其地方机构根据 1991 年 12 月 27 日俄罗斯联邦最高苏维埃决议确定的第 2122—1 号《俄罗斯联邦养老基金章程》的规定，确定支付劳动退休金与国家养老金的标准。

俄罗斯联邦社会保险基金及其地方机构遵照 1994 年 2 月 12 日由俄罗斯联邦政府第 101 号决议通过的基金章程，向被保险人一次性或者每月支付保

险费，在因生产或职业病遭受不幸时，支付康复等费用。

第五节 俄罗斯社会保障制度的特征[①]

通过对苏联选择国家社会保障制度的背景分析，对苏联继承国俄罗斯在转型期社会保障制度改革的原因分析，特别是对转型期俄罗斯社会保障制度改革的两大重要领域，即养老保险改革与医疗保险改革进行论述，我们可以从中发现俄罗斯社会保障制度的特色。

一、重公平与基本保障

苏联的政治、经济、历史及文化传统决定了其社会保障制度选择的社会公正性。苏联解体后，俄罗斯在向市场经济转型过程中，虽然经济状况一度恶化，社会保障制度也相应进行了改革，但无论如何改革，其重公平与基本保障的特点基本没变，具体表现在：①俄罗斯社会救助中体现的对暂时失去劳动能力、无工资收入、残疾人等弱势群体的保护；②俄罗斯社会保险中参保人员平均分担风险，比如国家基本养老保险中对于无劳动收入群体实行免缴费，由联邦财政给予支付，医疗保险中对于基本医疗服务实行全免费等做法；③俄罗斯的社会保障没有过多地用身份加以区别，社会保障各领域实现人群全覆盖；④尽管总体保障水平不高，但强化政府责任，充分利用公共资源，使俄罗斯人民全面受益。

二、国家承担主要责任

苏联时期社会保障各项制度完全由国家及企业承担，苏联解体后，俄罗斯在向市场经济转型过程中，由于受到经济状况困扰和财政压力，社会保险部分改为由国家、企业和劳动者三方承担。同时我们看到，俄政府在养老保险、医疗保险以至社会保障中一直扮演着重要角色，承担了必要的转轨成本，其一系列法规为社会保障的规范化运行提供了法律依据。

---

① 许艳丽．转型期俄罗斯社保制度改革的特点及启示［J］．中国发展观察，2016（18）．

三、对特殊群体倾斜，设置优惠政策

俄罗斯重视人力资源的发展，同时受到人口负增长带来的巨大压力，认识到人口问题的重要性，重视家庭的长远发展。为了刺激人口增长，俄罗斯在社会保障领域实行了一系列配套政策，如儿童津贴的数额增加：在出生时儿童津贴一次支付 14 500 卢布。准许给予第三个孩子儿童津贴。这是新的津贴，在低生育率地区已支付两年。政府专门拿出更多资金，奖励出生率上升。儿童一般免费获得所有服务。“母亲资本”项目实施后，俄罗斯出生率提高了30%。母亲家庭资本的使用极大地提升了多子女家庭的经济条件。①

四、不同层次全方位保障

俄罗斯除了社会保险体系之外，还有社会福利、军人社会保障、补充社会保障等，尤其是建有较完备的配套体系，如国家就业支持体系和社会援助体系等，目的是消除陷入贫困或沦为社会脆弱群体的风险。包括一整套措施和战略来完成下列任务：向所有居民提供最低水平的福利；把低收入居民阶层的收入提高到贫困线标准，扩大社会财富的分享，提高社会弱势群体的发展机会，全面顾及国家或地区总的经济发展因素等。国家支持和社会援助体系分为三个等级：联邦社会援助体系、地区和市政社会援助体系、实施国家工程建立的社会援助体系。

五、经济改革采用休克疗法，社保制度改革采用渐进式

叶利钦上台初期，实行激进的自由主义改革，短期内迅速完成了从计划经济向市场经济的转变，而社会保障制度是在不断微调中实现逐步改革。比如在经济转轨过程中，俄罗斯政府没有在医疗保险领域以市场化作为导向，而是在保证一定份额公立医院和免费医疗的基础上，伴之以自愿性医疗保险，辅之以适当的市场介入进行融资，保证基本的公共利益需求。

---

① Гусева Т. С. Социальное обеспечение семьи, материнства, отцовства и детства в России: теоретические и практические проблемы. Пенза, 2011.

六、从叶利钦时期的社会保障制度市场化改革逐渐向理性回归，不盲目遵从西方的价值观和价值判断，走适合俄罗斯自己的发展道路

从叶利钦上台初期实行的自由主义，到普京上台后遵行的新保守主义及其理念的不断拓展，提倡国家主义、爱国主义与家庭主义，在经济发展水平有限的前提下，建立八大国有石油天然气公司，利用国家能源性收入提高国民的福利收入。尽管目前俄罗斯的福利水平与欧洲相比较低，但在经济水平允许的情况下，已经实现了普惠，并向弱势群体倾斜。俄罗斯社会保障制度改革重视本国人的实际需求，尊重本国的政治经济历史文化的特点，在适应国际社会保障制度改革大潮的同时，政治精英达成基本的政治共识，并引导理论共识，使得俄罗斯人民保持相对稳定的安全预期。总之，俄罗斯的社会保障制度改革基本遵循大国之道，保持了本国应有的基本特色。

第三章

养老保障

自从1990年颁布退休养老金法以来，俄罗斯建立了独立于国家预算的退休养老金制度。目前俄罗斯养老基金的来源主要是用人单位、国家拨款及养老基金会资本运作成果等，这一点和中国十分相似。例如，普通用人单位需按每名工作人员工资的28%向养老基金会缴费；自营企业、律师、生产农产品的用人单位按照净收入的20.6%向养老基金会缴付费用；航空类企业除缴纳28%的养老金以外，还需向养老基金会缴付机组人员全部收入的14%作为附加保费。2001年颁布的《俄罗斯联邦义务养老保险法》规定新的养老基金由两部分组成：第一部分是固定的，按公民所在区域的最低生活费标准的百分比发放，所有退休人员的数额基本相等；第二部分是浮动的，与退休者的工资和工龄挂钩。这一举措的主要目的是提高养老金的最低标准，并实行养老金指数化，每三个月按物价上涨的情况对养老金进行调整，以抑制由于通货膨胀而引起的养老金实际水平下降。

除了国家规定的养老保障之外，现在在俄罗斯也出现了通过社会保险机构购买个人退休养老保险的现象。由于该部分养老金和国家养老金是平行存在的，所以国家养老基金对退休公民的个人的保障义务不变。在2008年出台《关于给劳动退休金积蓄部分的补充保险缴费和对建立养老金积蓄的国家支持法》后，年轻职员也可通过自愿缴纳养老金费用的方式从国家获得1：1的配套补助，即向国家提前交付1 000卢布，退休后在获得义务养老金的基础上，

还可以获得提前交付的1 000卢布。也就是说，年轻工人将来退休时可从国家养老基金会获得50%的养老金，另一半来自个人退休金账户。每名职工都有一个专门的账户，依靠平时积累的资金来保障老年时的生活。可以自由选择退休保障方案，使国家强制的退休保险制度同自由的退休保险制度结合起来。①

但是，多年积累的国家养老金欠债，在改革时已经形成了巨大的财政赤字。目前的改革力度不能解决根本性的问题。另外，在养老保障的法规中还没有形成综合的、长期的、切实可行的政策。俄罗斯的养老退休保障制度还需进一步完善。②

2010年俄罗斯开始新一轮对养老保障体系改革，高际香认为此次改革的原因在于，养老基金资金来源压力仍旧在“折磨”俄罗斯政府，新建立的“非国家养老基金的状况堪忧”，改革的内容从资金方面尽力弥补养老金财政方面的赤字，简化养老金的核算程序，最大的举措是由“强制养老保险缴费替代统一社会税”。③ 但是，此次改革仍然存在着问题，例如政治压力、地区差异、企业运营负担等。

法律规定，开始获得养老退休金的年龄为退休年龄，即女性55岁、男性60岁。总体来说，公民享受某种养老退休金有赖于三个条件：个人特点、劳动环境与居住环境。在俄罗斯有一个特殊情况，虽然具体条件有区别，上述三种条件也是申请提前退休的基本条件。④

第一节 国家养老保障

国家养老保障是指根据国家养老保险法的规定，由联邦财政或联邦财政

---

① А. Соловьев Актуальный прогноз долгосрочного развития пенсионной системы России Экономист. //2012. No 6.

② Барщевский М. Ю. Все о пенсиях и льготах/М. Ю. Барщевский. -М：Юрист，2009.

③ 高际香. 俄罗斯民生制度重构与完善［M］. 北京：社会科学文献出版社，2014.

④ А. Соловьев Мокроэкономический анализ пенсионной системы//Экономист. 2013. No 3.

主体支付，区别于劳动保险由保险基金支付。

国家养老保障每月现金支付，实现以下目的：

1. 对因达到法律规定的服务年限开始领取老年人劳动退休金或残疾人劳动退休金的联邦国家公务员，因超出服务年限退休的航天员、进行飞行试验的劳动者给予工资补偿；

2. 对参加军事工作，因辐射或技术事故造成残疾或者失去供养人，达到法律规定年龄时给予健康损失补偿；

3. 对无劳动能力公民提供生活费用。

根据服务年限，年老、残疾、失去供养人、社会养老等，有权领取国家养老保障的养老金的人员有以下几类：

1. 俄罗斯联邦国家公务员；

2. 军人；

3. 参加卫国战争和获得“封锁列宁格勒居民”勋章的公民；

4. 因辐射或技术事故经受苦难；

5. 航天员；

6. 飞行试验者；

7. 无劳动能力者；

8. 失去抚养人与死者有关的家庭成员。

在俄罗斯联邦领土内长期居住的外国人和无国籍人，和俄罗斯联邦公民同样有权领取国家社会保障养老金。

《国家社会保障法》第三条规定，以下人员可以领取两种养老金：

1. 由于军事受伤成为残疾人的公民，可以领取残疾人国家养老金和老年人劳动退休金；

2. 卫国战争参加者，可以领取残疾人国家养老金和老年人劳动退休金；

3. 在军队服役期间牺牲或者退役后因军事伤害死亡的（军人因违法行为意外死亡的除外），军人父母提出请求的，可以领取此类国家养老金和老年人

（残疾人）劳动退休金，或者领取失去此类国家养老金和社会养老金；

4. 在军队服役期间殉职的军人配偶，没有再婚，提出请求的，可以领取此类国家养老金和老年人（残疾人）劳动退休金，或者领取此类国家养老金和社会养老金；

5. 因切尔诺贝利事件受到辐射影响的无劳动能力的家庭成员，可以领取此类国家养老金和老年人（残疾人）劳动退休金，或者领取此类国家养老金和社会养老金；

6. 获得“列宁格勒围城战”勋章的公民，可以领取残疾人国家养老金和老年人劳动退休金；

7. 牺牲的宇航员的家庭成员，可以领取此类国家养老金或者法律规定的任何一种其他养老金。

需要指出的是，同时拥有多项养老金领取权利的，当事人只能选择领取一种养老金。军人领取养老金根据服役年限、工作合同以及他们支付的保险缴费。

俄罗斯联邦宪法法院决议，绝对保证参与强制性养老保险的退休者的权利，立法者应该保障其在强制养老保险框架内实现养老权的可能性。

俄罗斯联邦宪法法院决议，联邦法律应当预设法律体系，同国家养老保障退休金一样，保障按照劳动合同工作的军人退休者依照其保险缴费支付劳动退休金中的保险部分，在俄罗斯联邦养老保险基金中反映其个人名义账户。

执行上述决议带来以下法律的修改：《军人养老保障法》《国家养老保障法》《劳动退休金法》。2008 年 6 月 25 日，军人退休者与国家公务员领取根据服务年限或者残疾人国家养老金，必须具有保险工龄来确定劳动退休金的保险和积累部分。

居住在极北地区或相同恶劣气候条件下的公民，其国家保障退休金的标准要提高水平，如果迁出该地区则重新计算。如果原来确定的养老金标准超出国家养老保障养老金规定的标准，则养老金支付按照原标准执行。

第二节　俄罗斯联邦国家公务员养老金

俄罗斯联邦国家公务员在服务年限内具有不少于15年工龄的，可以享有退休权。补充条件是担任国家公务员某项职务不少于12个月或者因2004年6月27日第79号联邦法《俄罗斯联邦公务员法》第33条第1款第1～3、6～9项，第37条第1款第1项，第39条第1款第2～4项，第2款第2～4项规定被免职的。

如果免职不是以下原因：服务合同期满，双方协商（除领导和助手以外）意思表示一致；服务合同履行条件发生变化而拒绝调任；经鉴定评定技能水平不合格；超过服务年限在免职前已具有12个月任联邦公职的时间，并处于公务员极限年龄以内的（65周岁），其他原因脱离职位的同时，必须拥有获得老年人（残疾人）劳动退休金的权利。

如果因以下原因免职：服务合同期满（领导者或助手）；因健康、选举、任命但拒绝转到其他岗位（俄罗斯联邦公务员，俄罗斯联邦主体或者市政府等职务）；出现特殊情况；在免职前因超过服务年限获得退休权利，并且服务期不少于一个月，担任联邦公务员持续时间不少于12个月，在此前提下，脱离联邦公务员职位时暂时不获得老年人（残疾人）劳动退休金的权利。[①] 他们可以在达到退休年龄之后获得。

超出联邦公务员服务期限退休金，按规定是老年人退休金或残疾人退休金的补充，其功能是适应劳动退休金法并与其同时支付，由2010年9月20日俄罗斯联邦总统令第1141号决议规定。

超出联邦公务员服务期限退休金，在联邦公务员在职期间不给予支付，如想获得该退休金，必须提前五天通知其单位之后才能获得。

按照《劳动退休金法》的规定，担任国家公务员不少于15年的，除老年

---

① Милоенко Елена Васильевна Пенсионная реформа в России：достойная старость или бедность// jsrp. 2013. No 3. С. 74-78.

人退休金和残疾人退休金保险部分之外，按照联邦国家公务员月平均工资45%的标准领取超出联邦公务员服务期限退休金。工龄超过15年的国家公务员每年领取的超出联邦公务员服务期限退休金按照平均工资3%的比率增长。但是，联邦公务员服务期限退休金与老年人退休金和残疾人退休金保险部分之和不能超过联邦国家公务员工资的75%。

根据指数化改变劳动退休金的标准，重新审查超出联邦公务员服务期限退休金的标准，使得劳动退休金与超出联邦公务员服务期限退休金之和不超过联邦国家公务员月平均工资。月平均工资不能超出联邦国家公务员职务工资的2.8倍（0.8倍货币奖励）。

第三节　军人及其家庭成员养老金

军人养老保障根据两部法律执行，并与军事服务类型有关。合同制军人的养老保障根据《军人的国家养老保障法》，应征入伍军人根据《国家养老保障法》。另外一种情况是残疾人和失去供养人的养老。残疾军人的养老金领取条件是：在应征入伍作为战士、水兵、中士或者准尉期间；因服役休假三个月后；三个月休假期满，因服役期间的伤口、震伤、重伤或者生病的。服役期的起始和终结时间由《义务兵役法》确定。

军人死亡家庭中如有需要抚养的家庭成员的，无劳动能力的被抚养人的认定标准是：

1. 死亡军人的孩子、兄弟、姐妹或孙子，没有达到18岁的（参加全日制培训，包括教育机构的继续教育可以到23岁）。如果他们在18岁前残疾的，年龄标准可以高于18岁。无劳动能力的兄弟、姐妹和孙子的前提条件是没有劳动能力的父母。

2. 父母、夫妻、祖父母、兄弟或者姐妹照料未满14周岁的失去抚养人的儿童、兄弟、姐妹，没有工作的，不受年龄和劳动能力限制。

3. 父母或者夫妻，男性达到60周岁，女性55周岁或者残疾的。

4. 军人在服役期间死亡或者因战争受伤休假后死亡的，其父母男性达到55岁，女性达到50岁的。

5. 祖父母的年龄，男性达到60周岁，女性达到55周岁，或者是残疾人的，没有法定赡养人的。

牺牲（死亡）军人的兄弟、姐妹和孙辈在缺乏有劳动能力的父母时，享有养老金的权利。在此情况下父母应享有常规社会保障的权利。如果其父母作为公民因没有尽缴费义务而没有获得任何养老金，又不是残疾人，即使没有工作的，其兄弟、姐妹和孙辈不能获得此种养老金。

由于牺牲（死亡）军人父母丧失父母权的，禁止其兄弟获得此种养老金。如果这些父母获得任何形式养老金的，牺牲军人的兄弟享有失去抚养人养老金的权利。

对于家庭中有劳动能力的成员，履行照料失去抚养人的未满14周岁的孩子、兄弟或者姐妹，如果其没有工作，则可以拿到失去供养人养老金。

如果因军人犯罪致人残疾或者死亡的，如果残疾或死亡者是供养人，无劳动能力的被供养人获得社会养老金。

残疾人的养老金标准取决于残疾原因。残疾是因为参与保卫祖国、处于前线作战或者参与在其他国家战场作战中的军事受伤而得，包括因为伤口、震伤、重伤或者生病等原因。因军事受伤造成的残疾，一级残疾可获得300％社会养老金，二级残疾可获得250％社会养老金，三级残疾可获得175％社会养老金。

在服役期间因病残疾的，养老金按照以下标准发放：一级残疾可获得250％社会养老金，二级残疾可获得200％社会养老金，三级残疾可获得150％社会养老金。

失去抚养人养老金的标准与抚养人死亡原因有关，如果死亡原因是战争创伤，每一个无劳动能力的被抚养人可获得200％的社会养老金。如果是在服役期间因病死亡的，每个无劳动能力被抚养人可获得150％的社会养老金。

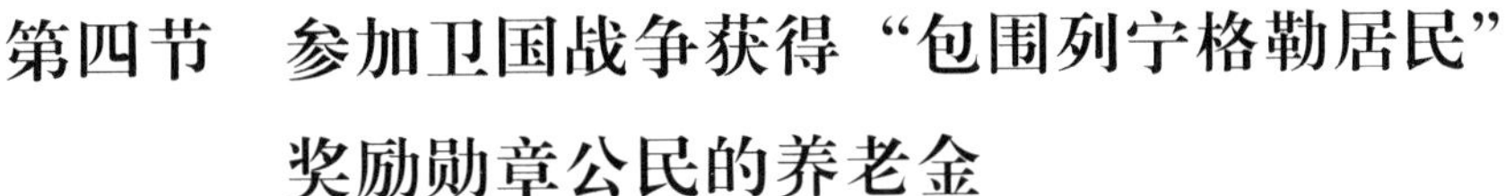

第四节　参加卫国战争获得“包围列宁格勒居民”奖励勋章公民的养老金

参加卫国战争获得“包围列宁格勒居民”奖励勋章公民的国家养老金权利，与造成一、二、三等残疾的原因相关。

如果残疾是因犯罪或故意伤害自身健康造成的，给予社会养老金。参加卫国战争致残的国家养老金标准是：一级残疾可获得250％的社会养老金；二级残疾可获得200％的社会养老金；三级残疾可获得150％的社会养老金。

获得“包围列宁格勒居民”奖励勋章公民，因残疾获得国家养老金的标准是：一级残疾可获得200％的社会养老金；二级残疾可获得150％的社会养老金；三级残疾可获得100％的社会养老金。

第五节　遭受辐射或者技术意外灾难者的养老金

享有国家养老金的有以下人员：

1. 所得放射状或其他疾病与切尔诺贝利核泄漏事故有关，或者参与处理事故受到影响的工作人员，本人及其无劳动能力的家庭成员；

2. 受切尔诺贝利事故影响致残人员及其无劳动能力的家庭成员；

3. 参与收归国有地区处理切尔诺贝利事故影响工作者及其无劳动能力的家庭成员；

4. 从事整修切尔诺贝利地区或在划为公有地区工作的人员；

5. 从划归国有地区疏散或从移居地区移民的；

6. 享有移居权的居民；

7. 居住在该地区，享有优惠社会经济地位的；

8. 居住在该地区，直到移居到其他地区的；

9. 在移居地工作的（没在该地区居住）；

10. 自愿离开移居地到新居住点生活；

11. 遭受其他辐射或技术伤害者及其无劳动能力家庭成员。

无劳动能力家庭成员的确定，包括：①无劳动能力的父母，不取决于是否受死去的抚养人赡养；②未满18岁的（参加全日制培训，包括教育机构的继续教育可以到25岁）；③夫妻照顾失去抚养人的儿童到14周岁，与是否工作无关；④夫妻中女性达到50周岁、男性达到55周岁的，与失去赡养人或成为残疾人的时间无关。

第六节　社会养老金和强制性养老金

一、社会养老金

社会养老金只看是否达到退休年龄，没有工龄要求。社会养老金是支付给不享有其他养老金权利的人，包括：一、二、三等残疾，含儿童残疾；残疾儿童；[①] 失去父母双亲或一方，或失去单亲妈妈的18周岁以下儿童（参加全日制教育到23岁）；西部少数民族，男性超过55岁、女性超过50岁；男性超过65岁、女性超过60岁。[②] 男性超过65岁、女性超过60岁的，在其有偿工作期间，不支付社会养老金。其余几种人群在工作期间都可以享有社会养老金。

二、强制性养老金

劳动养老金是由某人的年龄与工龄决定的养老退休金，包括一般养老退休金和优待养老退休金。一般养老退休金获得的条件是男性满60岁并拥有达到25年工龄；女性应年满55周岁并至少达到20年工龄。两类人可以享受优待养老退休金：一类是满足条件的女性，另外一类是残疾人，见表3—1。

---

① 根据原文，儿童残疾和残疾儿童，一种代表先天性残疾，一种代表后天性残疾，因原文对此没有做出明确区分，这里也不便做出先天性、后天性的区别性表述。

② В. Назаров Будущее пенсионной системы параметрические реформы или смена парадигмы// вопрос Экономики. 2012. No 9.

表 3—1　　女性及残疾人获得优抚养老金的条件

类别	基本条件	年龄和工龄要求
女性	5 个或 5 个以上孩子的母亲；抚养的孩子满 8 周岁	年龄达到 50 周岁；拥有至少 15 年的普通工龄
	先天性残疾的儿童；抚养的孩子满 8 周岁	
	领养先天性残疾的儿童；由专门医疗机构开具的证明	
残疾人	参加过卫国战争或其他同等情况	男性达到 55 周岁，并拥有至少 25 年的普通工龄；女性达到 50 周岁，并拥有至少 20 年的普通工龄
	视力一级残疾人	男性年满 50 周岁，并拥有至少 15 年的工龄；女性年满 40 周岁，并拥有至少 10 年的工龄

资料来源：俄罗斯联邦国家统计局。

1. 老年人的劳动退休金（强制性养老保险）

（1）领取老年人劳动退休金的条件[①]

1）男性年满 60 周岁，女性年满 55 周岁，具有不少于 5 年的保险工龄；

2）从登记之日起具有不少于 15 年的保险工龄（从 2024 年起），过渡时期参见 2014 年 12 月 28 日第 400 号联邦法第 35 条；

3）从登记之日起具有退休积分最低数额不低于 30 分（从 2025 年起），过渡时期参见 2014 年 12 月 28 日第 400 号联邦法第 35 条；

4）劳动者每年的劳动活动都以退休积分的形式获得退休权；

5）退休积分从 2021 年起每年最低额为 10 分，2015 年为 7.39 分；

6）2015 年保险费率的起征点为每月最低工资 59 250 卢布。

（2）劳动退休金的标准[②]

退休金计算公式：$П = СЧ + НЧ$。其中：$СЧ$ 为老年人劳动退休金保险部分；$НЧ$ 为老年人劳动退休金积累部分。

---

①② Захаров М. Л. Социальное страхование в России：прошлое，настоящее и перспективы развития（трудовые пенсии，пособия，выплаты пострадавшим на производстве）. М.，2013.

养老金保险部分计算公式：$СЧ=ПК/Т+Б$。其中：$ПК$ 为被保险人个人账户部分；$Т$ 为支付劳动退休金的预期月数；$Б$ 为老年人劳动退休金保险部分的固定基本标准，从 2015 年 2 月 1 日起为 4 383.59 卢布。[①]

保险退休金＝退休金积分数×每年保险退休金退休指数的价值＋固定支出或者 $СП=ИПК\times СИПК+ФВ$。其中：$СП$ 为保险退休金；$ИПК$ 为公民保险退休金所有退休积分；$СИПК$ 为每年保险退休金退休指数的价值，2015 年为 71.41 卢布，每年国家都根据不低于通货膨胀水平增长；$ФВ$ 为固定支付，2015 年 1 月 1 日为 4 383.59 卢布，每年国家都根据不低于通货膨胀的水平增长。因此，保险退休金账户在 2015 年计算公式如下[②]：$СП=ИПК\times 71.41+4\,383.59$。

劳动退休金积累部分确定公式：$НЧ=ПН/Т$。其中：$ПН$ 为专门为被保险人养老金积累所单独设立的账户；$Т$ 为支付老年人劳动退休金的预期月数。

2. 失去抚养人的劳动退休金

（1）获得养老金的条件

1）抚养人死亡且有至少一天的保险缴费；

2）死亡的出现与刑事犯罪行为和故意损害自身健康行为无关。

（2）养老金固定基本标准

1）父母双亡的孤儿，每个孩子每月 4 383.59 卢布；

2）其他无劳动能力的家庭成员，每人每月 2 191.8 卢布。

2015 年起采用积分制的劳动养老金给付额度计算公式。从 2015 年 1 月 1 起，俄罗斯联邦的每一位公民无论是退休者还是工作的公民，都可以通过公共服务的门户网站查看自己的养老金权益。目前的退休人员的养老金计算公式没有多少改变。在职员工通过查看养老金权益，可以监督他们的雇主缴纳养老保险费的情况。

---

①② 俄罗斯劳动与社会保障部官方网站。

3. 残疾人的劳动退休金

(1) 退休金获取条件

1) 被认定为一、二、三等残疾者;

2) 残疾与刑事犯罪行为和故意损害自身健康行为无关;

3) 具有至少一天的保险缴费。

(2) 固定基本标准(在没有赡养人情况下)

1) 1级残疾,每月8 767.18卢布;

2) 2级残疾,每月4 383.59卢布;

3) 3级残疾,每月2 191.80卢布。

公民对自己未来养老金积累部分有以下权利:①选择私人管理公司或者国家管理公司;②选择其中一个为被保险人劳动退休金设立的非国家养老基金基金。[①]

4. 特殊工种的劳动退休金

如果公民的工作环境危害到身体健康或危及其人身安全,该公民的工作年限就是该公民的特殊工种工龄,该公民的养老退休年龄可提前5年至10年。一般情况下,享受特殊工种养老退休金除了需要特殊工种工龄外,还需要有一般工种工龄。表3—2详细介绍了特殊工种获得特殊养老金的条件。

表3—2 特殊工种获得特殊养老金的条件

特殊工种条件	特殊工种工龄(年)		一般工种工龄(年)		降低后的养老退休年龄(岁)	
	男性	女性	男性	女性	男性	女性
A) 地下采矿、井下工作、危害性劳动环境工作、放射性车间	10.0	7.5	20	15	50	45
B) 艰苦工作环境	12.5	10	25	20	55	50

① Захаров М. Л., Савостьянова В. Б., Тучкова Э. Г. Комментарий к новому пенсионному законодательству: Постатейный комментарий к Федеральным законам《О трудовых пенсиях в Российской Федерации》,《О государственном пенсионном обеспечении в Российской Федерации》. М-, 2009.

续表

特殊工种条件	特殊工种工龄（年）		一般工种工龄（年）		降低后的养老退休年龄（岁）	
	男性	女性	男性	女性	男性	女性
C）拖拉机手、驾驶建筑与交通装卸机器的人		15		20		50
D）从事纺织业方面高于正常强度的工作		20				50
E）从事火车运输、维护铁路与地铁安全以及矿场、矿山、露天采矿场的卡车司机	12.5	10	25	20	55	50
F）从事现场地质调查方面的工作	12.5	10	25	20	55	50
G）从事木材采伐与运输的工作	12.5	10	25	20	55	50
H）机修工人（码头机修人员）	20	15	25	20	55	50
I）海船队、河船队以及水产品工业船队的工作人员（除了在港口水域船艇工作）	12.5	10	25	20	55	50
J）城市公共交通司机（包括汽车、无轨电车、电车等）	20	15	25	20	55	50
K）俄联邦内务部消防局的人员	25	25			50	50
L）专业紧急救生勤务的全职工作者	15	15			40	40
M）监狱和看守所工作人员	15	10	25	20	55	50

资料来源：俄罗斯联邦国家统计局。

通过分析上面特殊工种养老退休金表可以得出以下结论：上述 13 个特殊工种条件中，有 2 个条件限定为女性特有的条件，其余的 11 个条件男女都适用。很明显，某些工作人员（见第 D、H、J、K、L、M 项）占相当大的优势。很大程度上来说，他们享受的特殊养老金应该称为“工龄制退休金”而不是“养老退休金”，因为该养老金的基础条件是工龄，而不是养老退休年龄。就工龄类型来说，在表 3—2 中，特殊工种工龄是一般工龄的 1/2（A、

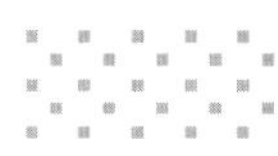

B、E、F、G、I）或稍微高于1/2（见表3—2第C、H、J）；表3—2中有三项D、K、L符合这些条件的公民只需要特殊工种工龄就可以获得养老退休金；一般情况下，男性的工龄要求要比女性多5年，但是，在K、L两项条件下，男性与女性的工龄要求是平等的。

5. 北极行政区域工作者的劳动退休金

在北极行政区域工作的公民，男性的养老退休年龄为55周岁，女性为50周岁。北极行政区域工作者获得养老退休金的条件是：在北极行政区域工作的时间应该不少于15年（如果在其他等同于北极行政区域的地区，应该不少于20年）；男性一般工龄应该不少于25年，女性一般工龄应该不少于20年。

6. 提前退休养老金与工龄不足者的劳动退休金

（1）提前养老退休金为一种特殊的养老退休金，公民获得该类养老退休金的年龄早于一般或下降后的养老退休年龄。该类养老金的领取者必须是由于机关清算或国家杜马解散造成的失业人员。

（2）工龄不足者需满足以下两个条件才能获得养老退休金：①拥有至少5年的一般工种工龄；②男性满60周岁，女性满55周岁。

第七节　强制性养老保险体系中的个人账户

1996年俄罗斯颁布的《强制性养老保险体系中的个人账户制法》和《组建个人账户制的国家养老保险体系措施的决定》规定，凡是参加强制性养老保险体系的人均在"俄联邦养老基金"开设个人终身账户。名义账户制的缴费直接记入"俄联邦养老基金"的个人名义账户中。1966年及以前出生的参保人缴费率为工资的22%，1967年及之后出生的缴费率为16%，男女缴费率相同。上述缴费由雇主一方承担，雇员无须承担。2001年俄罗斯规定以统一社会税的形式缴纳养老保险费，但2010年取消了统一社会税，重新恢复了缴费制。

养老保险的总缴费率为工资的26%（2005年之前为28%），它一分为三：

14%进入联邦财政用于支付“基础养老金”；8%～14%用于支付保险劳动养老金并转入“俄联邦养老基金”个人账户的一般部分，即名义账户部分中；2%～6%作为个人积累转入“俄联邦养老基金”个人账户的专门部分，即实账积累部分中。[①]

俄罗斯实行的名义账户制包括退休、残障和遗属三个部分，缴费期限最低为15年[②]，但领取全额养老金的资格期限为30年；养老金计发公式中的除数不分男女一律为228个月（19年），但显然80%的女性领取退休金的年限要比男性长，因为俄罗斯的法律规定，女性的法定退休年龄是55岁，男性是60岁。参保人在服兵役、休产假以及失业期间，有权享受个人账户名义资本的增值待遇，其数额按照最低工资计算。

一、名义账户的指数化调整

指数化调整与物价挂钩，具体规定是：如果每季度物价上涨超过6%，则每季度进行一次指数化调整；如果季度物价上涨低于6%，但半年内高于6%，则每6个月进行一次指数化调整；如果物价半年内的涨幅低于6%，则每年调整一次。同时，指数调整也根据工资上涨水平而定，如果平均工资的年增长率超过名义账户养老金指数化的总系数，那么相差部分从下一年的4月1日起追加，追加后的总指数不超过人均收入的增长指数。此外，名义账户养老金的调整指数应不超过基本养老金的指数化系数。[③]

二、第二支柱“积累账户制”的投资管理

俄罗斯2013年11月22日通过的新法案，对名义账户制和积累账户制的缴费公式做了调整，主要内容是，1966年前后出生的参保人可在两个方案中自行选择其中的一个：一是继续参加积累制，缴费率为6%，名义账户的缴费率为10%；二是放弃积累制，16%缴费全部进入名义账户。参保人在2014—

① http://www.yandex.ru.

② http://www.pfrf.ru/press_center/68720.html，俄罗斯养老基金网站消息，2013年1月。

③ http://www.rg.ru/2001/12/20/zakonpensii-dok.html.

2015 年两年内做出选择，如果参保人不再参加积累制，此前缴纳的账户储蓄仍可保留，其资产仍可参与投资，退休时将全额领取。[①]

账户养老金计算公式为：个人账户累计资本（累计缴费＋投资收入）/228（19 年）。账户资产可继承，其资产管理与投资策略由个人选择。根据《投资法》的规定，对于账户资产的投资，参保人可自行选择由国家管理公司即俄罗斯对外经济银行[②]，或由非国家管理公司和非国家养老基金进行投资管理，每年可选择一次；对于没有做出选择的，默认由俄联邦养老基金管理，并交付俄外经银行进行投资；被选择的非国家管理公司（或非国家养老基金）必须与国家养老基金签署委托管理协议。

自 1998 年通过《非国家养老基金法》以来，俄罗斯先后成立了 200 多家非国家管理公司，但绝大多数参保人选择的还是国家养老基金。2008 年以后，情况有所改变，非国家管理公司管理的账户已有 360 万。为了确保养老资产的安全，2003 年俄罗斯成立了由各方代表参加的养老储蓄资金投资社会委员会，负责对该部分资金的建立和投资进行社会监管。

国家养老管理公司即俄外经银行的投资渠道包括两类：一是基本投资组合，包括国家债券和有国家担保发行的公司股票；二是高级投资组合，除了可以投资国库券和政府担保发行的公司股票之外，还可进行卢布或美元的存款，或抵押贷款支持证券和国际金融机构债券。[③] 而非国家养老基金管理公司和非国家养老基金的投资渠道相对较广，除了国家债券，还可投资于俄罗斯组织机构的股票及债券以及其他法律允许的金融工具。[④]

三、2016 年对私人养老基金的评价

养老金保险储蓄通过俄罗斯非政府组织管理，给公民提供广泛服务。各种机构和公司给予多样性的评价，评出行业中的优秀代表。优秀私人养老基

---

① http://www.rg.ru/2013/11/22/tarif-site.html.

② 国家养老金管理公司仅有一家，即俄罗斯外经银行。

③ http://www.pfrf.ru/heading_company_stat/.

④ http://www.pfrf.ru/investing/.

金排名前四位的代表见表 3—3。

表 3—3　　优秀私人养老基金代表

非国有养老基金“储蓄银行”	具有较高的盈利水平和各种金融交易经验，与大型国有企业（俄罗斯储蓄银行）同样拥有最高的可靠性和最高级别（AAA）。该基金积蓄超过 4 亿卢布，已经签署合同的客户数超过 100 万户
天然气基金	回报率非常高，在竞争对手中脱颖而出，并能维持其在金融服务市场的领导地位。它给予公民信心，并定期存入必要的款项
石油基金“卢克斯”	俄罗斯最先成立的基金之一。成立于 1994 年，自 2006 年以来获得永久经营许可证。业务范围涉及 80 个俄罗斯城市，拥有 54 个区域办事处。2011 年做了三个小资金的吸收，从而增加了股本，扩大在其他州的业务
赫菲斯托斯	成立于 1993 年，并在 2004 年获得永久许可证，拥有可靠的信誉，具有良好的投资组合。它在各联邦区有分行，并为市民提供多种养老金储蓄服务

资料来源：俄罗斯劳动与社会保障部官方网站。

第四章

医疗保障

保健体制是保护每个公民健康措施的体系，其目的是保护和提高公民身体及精神方面的健康，保证高质量的生活水平，并在需要的情况下提供医疗救助。因此，医疗保障制度也就成了社会保障制度中的一个重要组成部分，每位公民都有享受保健与医疗救助的权利，且公立医院的医疗救助是免费的。该部分的资金，来源于国家拨款、保险费等。

第一节　国家健康保险计划

根据俄罗斯国家宪法、俄罗斯国家健康法及已签署的国际法和国际协议，国家有保护每一位公民健康的义务。法律保障自然环境，为公民提供有利的生活、劳动、休息、教育和培训条件，生产和提供优质的食品，必要时给予居民及时的社会医疗救助。

健康保护不分性别、种族、民族、语种、社会出身、职务地位、居住地、宗教信仰、政党派别等情况。国家保障公民的健康权。俄罗斯联邦健康保护法同样适用于外国人、无国籍人、在俄罗斯联邦领土常住居民及国际公约中没有预见到的难民。

同时应看到，尽管根据俄罗斯联邦宪法和有关国际公约，在俄罗斯享有广泛的健康保护权，但俄罗斯卫生领域一些基础指标却落后于其他发达国家。2010 年俄罗斯人均预期寿命为 69.3 岁，远远落后于欧洲一些国家（比如，欧盟在2009年人均预期寿命为79岁)。2010年俄罗斯每千人死亡率为14.2,远高于欧洲国家。[①]

为了实现健康保护领域的民族优先计划,俄罗斯制定以下具体目标:①降低患病率、残疾率和死亡率;②提高医疗救助的水平和质量;③给予医疗门诊救助有效性提供条件;④发展健康预防;⑤提供居民满意的高技术性医疗救助。

公民有权维护自身健康,定期到医院检查。2004年12月1日第715号政府令规定,遭受社会疾病风险的公民,应到医院检查或住院,更应进行疾病预防。

公民住院期间必须遵守暂时失去劳动能力期间的住院规则和医院的行为准则。

基本的健康保护准则包括:①尊重人权以及与此有关的国家保障;②优先给予患者医疗救助;③优先保护儿童健康;④社会维护公民的健康损失;⑤国家权力机关和地方自治机构应确保公民在健康保护方面的权利;⑥医疗救助的普遍性和高质量;⑦不能容忍的医疗故障;⑧健康保护的预防优先;⑨遵守医生保密规则。[②]

以上规则规定在《俄罗斯国家健康法》第6～13条中,给予医疗救助,优先考虑患者利益。这需要遵守民族和道德规范,医疗组织工作人员需有互相尊重和人道主义理念,关注患者的文化及宗教传统,医疗机构保障舒适的住院条件,为患者亲属提供探视或陪护条件。

国家对儿童的健康保护重在为其生理和心理成长提供条件。不论其家庭及社会福利如何,儿童有优先获得医疗救助的权利。

为了实现个人健康保护的宪法权利,最重要的是提高医疗救助水平。高

---

① А. Ольховский, С. Тихонов, Здравоохранение России: 20 лет реформ, которых не было. СПб: несмотр-История, 2010.

② Право социального обеспечения: учебник для академического бакалавриата/Г. В. Сулейманова. -3-е изд., перераб. и доп. -М.: Издательство Юрайт, 2015.

质量的医疗救助需要相当数量且高水平的医疗工作者，使得患者拥有选择医疗机构和医生的可能性。

如果因拒绝给予免费医疗救助带来的健康危害或导致因病死亡，按照《俄罗斯刑法》第124条，直接责任人将接受刑法处罚。

人人“享有健康”是医疗保障制度建设的普适性目标，俄罗斯正走在实践的路上。俄罗斯居民健康状况持续好转，在某些指标上，如出生率水平、婴幼儿死亡率、出生时预期寿命等方面存在积极趋势。这些变化既可以被解释为是国家社会经济情况趋稳的结果，也可以说是在医疗保健领域实施国家政策的结果。近几年的实际做法如下①：

1. 2006年1月1日开始实施国家优先项目——“健康”项目，涉及三个方面：①提高初级卫生保健的优先地位；②加强保健预防性；③扩大高科技医疗救助的应用。其基本任务是改善卫生保健事业的形势和为今后的卫生保健现代化创造条件。俄联邦也开始努力为人力资本的形成创造良好的条件（这在国家优先发展纲要中有所反映）。有大病需要长期服药者，国家保证两种必需的药，病人不必自己花钱。

2. 俄卫生保健领域的功能是保障公民有获得免费且优质的医疗救助的宪法权利。为此，俄罗斯联邦政府每年都要批准一个向俄联邦公民提供免费医疗救助的国家保障计划。这一文件确定向俄联邦公民在俄联邦境内免费提供医疗救助的种类和数量。俄罗斯各联邦主体也拟定地方计划纲要。计划筹资来源于各级预算资金、强制医疗保险金和其他收入。

3. 一些联邦主体正实验性地测试国家和市属卫生保健系统内资金流转的新机制。预计不仅非劳动居民的预算拨款要归入强制性保险地方基金，而且公共缴费、设备购置、国家和市属卫生医疗机构设施的维修等也要并入其中。因此，未来所有资金都将通过强制医疗保险地方基金提供给医疗机构。

---

① 许艳丽. 转型期俄罗斯工会与社会领域的变化［M］. 北京：社会科学文献出版社，2016.

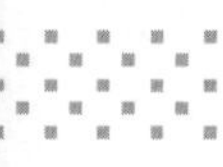

4. 俄罗斯联邦政府把提高居民药物的保证水平作为自己的任务，规定实行一整套扩大高质、有效和安全药物的使用。采取一系列措施稳定居民的药物保障计划：①对进入必须和最重要药物清单的药物生产商最高出厂价实行强制登记，并及时修订该清单；②责成俄罗斯联邦各主体的管理机关使药物的最高批发和零售加价水平最小化；③对药品分配经销机构和药店就俄罗斯联邦各主体规定的所有药物批发和零售加价的遵守情况进行监督。

5. 实施一整套完善对母亲和儿童进行医疗帮助的措施。

第二节　强制性医疗保险与自愿性医疗保险

强制医疗保险建立在投保人和医疗保险机构之间所签署的合同的基础上，依据合同，后者向前者提供符合强制医疗保险所规定的医疗服务，如门诊治疗、预防治疗、急救和患重病时的住院治疗等，均全部免费。一些处方药品可免费或打50%的折扣。1996年通过了居民强制性医疗保险法，公民可以免费得到国家医疗保险卡。每个人出生后，有一个自己的医疗号，有权领取医疗保险卡，按照居民所在的社区，对免费的诊所做出明确的限定，到指定的诊所看病，住院一切费用全免，包括吃饭。所在医院没有条件治疗时，允许转院到所在地区以外的、属于发卡单位系统所属的其他医疗机构就医。

强制医疗保险基金的形成和使用有其自身的特点。名义为保险，但并不完全符合保险资金形成原理和运用。其明显特征是：强制性和监管费用，有计划的消费，缺乏个性储蓄等。这些基金的经济性质不是保险性质，在形式上它们涉及预算外资金。但是，应该指出的是，除了国家强制保险还要发展非国有的自愿医疗保险。

从经济角度来看，自愿医疗保险是一种公民补偿机制，在患病或遭遇不幸的情况下补偿发病相关的成本和损失，是在超出强制保险的保障范围，社会接受自愿医疗保险的医疗融资。其方式既可以是集体投保，也可以是个人投保。按照自愿医疗保险保险公司（保险人）的规则订立保险合同的条款，

其中保证了组织和卫生服务，并指定列表范围内的医疗保险计划。

《俄罗斯联邦公民医疗保险法》规定，自愿医疗保险“规定公民超过强制保险的计划时接受补充的医疗服务和其他服务”。因此，自愿医疗保险的社会经济重要性在于，它是补充的社会保险。

一、俄罗斯医疗保险基金的运行与管理

在俄罗斯引入医疗保险是向市场经济过渡时期的需要，在很大程度上是寻找新的医疗融资来源。

1. 医疗保险基金的资金来源[①]

按照俄罗斯联邦《医疗保险法》第10条规定，卫生系统的财政来源有：①俄罗斯联邦预算，俄罗斯联邦加盟共和国和地方预算资金；②国家和公共机构（协会），企业和其他经济实体的资金；③公民个人的资金；④无偿或慈善捐款和捐赠；⑤证券收入；⑥银行贷款及其他债权。

在俄罗斯，强制医疗保险系统的资金由两个来源构成：①俄联邦预算拨款；②企业、团体和其他法人实体。在医疗保险基金的缴费，目前是工资总额的3.6%，其中0.2%上缴联邦基金，3.4%上缴地区基金。对于没有劳动收入的居民，国家为其办理医疗保险，保险费从国家预算中支出，其中保险费的缴纳占强制医疗保险收入总额的90%以上。

1998年9月11日第1096号俄罗斯联邦政府决议《关于国家保障向俄罗斯联邦公民提供免费的医疗保险计划》中提到，免费医疗的资金支持80%以上来自于强制医疗保险基金，尤其重要的是34.6%用于支付非劳动人口的强制医疗保险。

经俄罗斯联邦1993年11月10日第1018号政府部长理事会相关决议规定，强制性医疗保险的保费需要所有的经济实体缴纳，不论所有制及组织和法律形式，包括：①组织，机构，企业；②农民（农场主）的家庭村社，北

① 许艳丽. 转型期俄罗斯工会与社会领域的变化［M］. 北京：社会科学文献出版社，2016.

部从事传统农业的原住民族的社区；③个体户；④自由职业者。

残疾人、退休者创建的企业和组织或残疾人、退休者人数超过50%的企业和组织可免缴强制医疗保险金。

基金资源集中在地方主管部门（地区医院）或者地方行政机关，作为一种为公民提供医疗服务实施有效机制，限制了选择的自由。

自愿医疗保险支付的资金由保险人支付，如果集体投保由企业支付，如果个人投保则个人支付。医疗保险公司设定支付的税率，在自愿医疗保险计划的框架内由医疗机构提供医疗服务。按照未动用资金的合同条款，可以退还给被保险人（公民）。

2. 强制医疗保险系统参与主体

根据《俄罗斯公民医疗保险法》，强制医疗保险有三级组织和资金管理主体。这些主体通过签订协议履行强制医疗保险，收集和积累保费，并以此来支付医疗服务。

（1）强制医疗保险系统的第一级是联邦强制医疗保险基金，它提供全面的政策和制度管理系统。它本身不进行具体保险操作，不向强制医疗保险系统中的公民支付。联邦基金是为实现医疗保险的国家政策在强制医疗保险中承担全面协调的角色，制定基本方针，实现对俄罗斯联邦境内强制医疗保险的监管，并且对公民在地区医疗保险费用实施监管。

（2）强制性医疗保险的第二级组织是联邦境内基金及其分支机构。此级别是基本制度，因为它负责联邦境内基金的资金收集、存储和资金分配。联邦境内基金由俄罗斯联邦境内主体组建，是一个自治的公立非营利金融和信贷机构，并向有关主管部门和行政机关负责。

联邦境内基金属于国有，不进入预算和其他基金，由以下部分组成：①企业为劳动人口缴纳的保费部分（工资总额的3.4%）；②俄罗斯联邦主体对非劳动人口的预算资金；③向保险公司、医疗机构和其他实体享有追索权的资金；④因违反保险规则收到的罚款；⑤法律规定的其他来源。

强制性医疗保险的主要目的是确保强制医疗保险在联邦境内每一个主体内的普遍性和社会公正性。联邦境内基金的基础工作是确保强制医疗保险系统的财务平衡和可持续发展。

为了履行其职能联邦境内强制医疗保险可以创建多个城市和地区分支机构，以进行收集保险费和医疗保险机构的融资任务。在没有医疗保险机构的区的分支，由该分支机构对公民实行强制医疗保险，即积累保费并向医疗机构结算。

(3) 强制医疗保险的三级组织是医疗保险机构。医疗保险机构接受资助，根据参保人群的规模和人口结构实施和开展保险金支付的医疗服务。

根据有关医疗保险机构法规实施强制医疗保险，根据俄罗斯法律，医疗保险机构可以是任何所有权形式和组织的法人实体，并根据保险监管部发出的执照来进行强制医疗保险工作。

医疗保险机构有权同时进行强制性和自愿性医疗保险，但不得从事其他类型的保险活动。同时，医疗保险机构对强制性和自愿保险单独核算，并不得转移使用强制性医疗保险的实施资金用于商业目的。

在强制性医疗保险系统中的所有关系由强制性医疗保险的地方规章进行调节，应符合 1993 年 12 月 1 日经强制性医疗保险联邦基金确认并经俄罗斯保监会同意的标准规则。

医疗保险机构办理医疗保险支付，提供医疗服务，监管医疗服务的完整性和质量，保护被保险人的权利，它是强制医疗保险制度的重要一环。

3. 俄罗斯强制医疗保险的运行模式

强制医疗保险系统是非常复杂的，受到政治、社会和经济问题的影响，而每种模式的实施形式取决于强制医疗保险系统内各子系统的资金运行方式。

到目前为止，不同的联邦主体有四种强制医疗保险的运行模式：

第一种模式基于法律框架，更充分考虑医疗保险的实施符合国家政策的基本原则。在本模式中，强制医疗保险系统中所有主体都参与。投保人的资金（企业和政府机构）应纳入地方强制医疗保险基金。该基金累计募集资金，并与医疗保险机构签订合同。在一般情况下，由当地政府代表签订合同，雇主作为保险费的缴纳主体监督强制医疗保险的执行并为他们的员工选择医疗机构。第一种模式有 19 个俄罗斯联邦主体选择，覆盖 30%的人口。

第二种模式是强制医疗保险的组合系统。这意味着，给公民提供保险的不仅仅是医疗保险机构（给予保单和拨款给医疗机构），还有强制医疗保险基金的分支机构。这是最常用的强制医疗保险方案，覆盖 36 个俄罗斯联邦主体，44.8%的人口。

第三种模式在强制医疗保险体系统中完全没有医疗保险机构。它们的功能已经被地方强制医疗保险基金及其分支机构所代替。这样模式被 17 个俄罗斯联邦主体采用，覆盖 15%的人口。

第四种模式的特征在于原则上不存在地区强制医疗保险，在俄罗斯联邦这些主体强制医疗保险执行仅停留在劳动人口保险费的收缴。由当地卫生部门负责收缴资金，直接融资医疗机构。这种情况有 17 个地区，覆盖 9.2%人口。

二、俄罗斯医疗保险制度对我国的启示①

从俄罗斯医疗保险的制度模式、运行机制及其具体实践来看，有以下几个特点：

1. 制度统一，覆盖范围广。强调的是全民覆盖的理念，以是否就业来决定是否缴费，政府负责为老人等弱势群体买单，雇主负责为雇员买单。免费医疗的范围极广，根据 1998 年通过的《国家保障免费提供医疗计划》，急救、门诊看病、住院救治等全部免费。

2. 统筹和管理层次。俄罗斯的医疗保险基金主要由联邦境内（相当于我国的省级）基金负责筹集、管理及发放，基金的共济能力高，行政管理成本

① 许艳丽. 俄罗斯医疗保险制度对我国的启示 [J]. 医疗保险，2015 (7).

相对较低。

3. 统一的经办机构和费用支付机制。由医疗保险机构（是任何所有权形式和组织的法人实体）进行，可同时进行强制性和自愿性医疗保险。这种运作方式实质上是政府购买服务，医患不发生直接的金钱关系，通过第三方（医疗保险机构）完成交易，有效避免了医患纠纷。

4. 推行医药分离，医疗体制引入转诊制，一是避免医疗腐败，二是提高初级卫生保健的优先地位，从而避免了患者盲目的向上流动。

5. 保证了强制医疗保险中医院的公益性。俄罗斯卫生部对下属的卫生机构都拥有所有权和经营权。管理权由卫生部下放到联邦境内和地区级的管理机构，然后再下放到社区和农村，大多数人到城市和农村健康中心的诊所网就诊，由指定的医生负责某一社区人群的卫生服务工作。

俄罗斯医疗保险是向市场经济转轨过程中的必然选择。虽然俄罗斯经历了政治和经济转轨的剧烈震荡和巨大阵痛，但社会却保持了相对稳定。社会保障体制尽管并不完善，但并没有瘫痪失灵。

俄罗斯医疗保险的特色表明：俄罗斯经济改革可以实行“休克疗法”，但社会保障体制的改革只能是滞后的、渐进的。俄罗斯政府在医疗保险以至社会保障中扮演重要角色，为民谋福祉，承担了必要的社会转轨成本。颁布了一系列有关医疗保险制度改革的法规，为医疗保险制度的规范化操作提供了法律依据。向市场经济转轨过程中，俄罗斯社会各领域的市场化程度渐高，但值得肯定的是，在医疗保险领域，尽管也遇到资金短缺等问题，但是俄罗斯政府没有以市场化为导向，保证一定份额公立性医院和免费医疗的基础上，引入自愿性医疗保险，通过适当的市场介入进行融资，医疗保险基本能保证公共利益的需求。

第三节　医疗救助

一、医疗救助的类型

在俄罗斯，每位公民都有权享受强制医疗保险。强制医疗保险的资金来源是雇主上缴的保险费。

医疗保险的基础是承保人和受保人签订的保险合同。该保险合同的主体是受保人及医疗机构，由所指定的医疗机构向受保人提供所需医疗救助保费及服务。

根据保险合同，受保人有权自由选择医疗保险机构、医院、主治医师，并且不受地域限制。由俄罗斯政府制定合同样式并向每位公民寄发医疗保险单，该保险单在整个俄罗斯均有效。

《国家提供免费医疗服务给俄罗斯联邦公民方案》（以下简称《方案》）规定，公民可获得三种免费医疗救助服务：①紧急救助，是指在公民生命有危险或者其所患病对他人身体健康有威胁的情况下提供的救助，如急性病、慢性病突然加重、意外事故、中毒、女性怀孕与生育期间发生病变；②门诊医疗救助，包括对各种疾病进行预防、诊断与治疗方面的工作；③医院医疗救助，主要救助对象为患急性病或者慢性病突然加重的患者、需要进行强化治疗的患者、需 24 小时监护的患者、流行病隔离患者。除此之外，免费医院医疗救助也包括以下几种特殊情况：①女性在怀孕或生育期间发生病变；②女性发生流产；③按预定时间进行住院治疗并需要 24 小时监护的患者。[①]

值得一提的是，根据俄罗斯联邦法律，公民在获得上述紧急救助及医院医疗救助时，药物也是免费的。《方案》规定可获得免费初级医疗的疾病有：①流行病与寄生虫病（除了性传染病、艾滋病、获得性免疫功能丧失症以外）；②肿瘤；③内分泌系统疾病；④营养不良与代谢障碍；⑤神经系统病；

---

① Право социального обеспечения：учебник и практикум для прикрадного бакалавриата/под ред. В. Ш. Шайхатдинова. -3-е изд.，перераб. и доп. -М.：Издательство Юрайт，2015.

⑥血液与造血器官疾病；⑦与免疫系统相关的障碍；⑧眼睛与眼睛相关器官疾病；⑨耳朵与乳突疾病；⑩循环系统疾病；⑪尘肺病；⑫消化器官疾病；⑬泌尿生殖系统疾病；⑭皮肤与皮下纤维素疾病；⑮肌肉骨骼系统与结缔组织疾病；⑯损伤、中毒以及有些其他外在影响带来的疾病；⑰先天性异常；⑱畸形与染色体障碍；⑲怀孕、生育与流产；⑳特殊围产期小孩子会有的症状。

上述医疗救助类型中，联邦公立医疗机构提供的医疗救助经费由国家预算拨款，其中包括一些高价的医疗救助服务（具体免费高价医疗救助服务类型由卫生部决定）。由俄罗斯联邦主体预算及地方预算拨款的医疗救助类型有：①急救救助，提供该项服务的医疗机构有：医疗站、医疗所、医疗处；②门诊医疗救助与医院医疗救助，提供此两项救助的医疗机构包括专业医疗防治所、负责治疗特殊疾病（如结核病、获得性免疫功能丧失症、精神障碍）的医院。由各种层次预算的拨款医疗救助项目有：①提供优惠药物保障；②向妇产科医师所、麻风病院、保育院等机构提供少数医疗救助费。根据各个联邦主体人口总数，以 1 000 人为一个单位，计算该地区所需的医疗救助总额。根据不同的医疗救助类型，医疗救助的总额也不同。也就是说，紧急医疗救助、门诊医疗救助和医院医疗救助的医疗救助总额是单独来计算的。

二、母亲的医疗救助

妇女在怀孕、生产期间和生产后的医疗救助保障纳入强制医疗保险框架内。

为适应执行俄罗斯联邦主体法律的需要，通过专门的食品店或者商业组织，保障为怀孕妇女、哺乳期妈妈、3 岁前儿童提供完全合格的饮食。

公民拥有就家庭计划进行免费医疗咨询的权利，与家庭医生了解医学心理常识，咨询并考察国家卫生系统的医疗机构，以预防儿童遗传性及先天性疾病。

妇女怀孕期间医疗组织给予最初的医疗卫生保健，专业的（包括高科技的）急救，意味着有获得许可证的产科和妇科（除使用辅助技术以外）服务[①]。

妇女怀孕期间的医疗救助包括以下两个阶段：①产科和妇科门诊，怀孕期间有全科医生（家庭医生）、产科医院的医务人员进行服务；②医院就诊，因怀孕期并发症或自身体质引发的其他疾病。

给怀孕期间妇女的医疗救助以出现并发症时登记的表格按流程进行。怀孕妇女的孕期检查项目包括：①不少于七次的妇产科检查；②不少于两次的内科检查；③不少于两次的口腔检查；④不少于一次的耳鼻喉科、眼科检查；⑤其他登记表格中规定的项目。

三次超声波检查，分别在怀孕 11～14 周、18～21 周和 30～34 周。

对孕期妇女最基本的防治观察是警告及早期诊断怀孕期、生产期、产后及新生期并发症，在孕期 11～12 周期间有妇产科检查，22 周做最后一次检查。

孕妇及其家人选择在医疗组织产检，由医疗组织计划产院，在个人决定后派到常设的产院。

常设的产检医院建议家庭参与生产。孩子的父亲或者其他家庭成员根据协议有权参与孩子的出生过程，出现特殊情况时签字确定手术。在产院可以有单间，并保证孩子父亲及其他家庭成员没有传染病。

医生在建议产妇出院时要说明母乳喂养的好处并推荐持续哺乳的时间(一般半年至两年不等)，并提醒防止意外怀孕。

给予妇女在怀孕、生产和产后，甚至照料孩子到 3 个月期间的医疗救助支付，由 2010 年 12 月 31 日通过的 1233 号政府令调节。此政府令确定了强制医疗保险和医疗组织关于支付相应医疗服务的标准形式的合同。根据生产证

---

① Приказ Минздрава России от 1 ноября 2012 г. NO 572н ОБ утверждении Порядка оказания медицинской помощи по профилю《акушерство и гинекология（за исключением использования вспомогательных репродуктивных технологий）》.

明进行医疗支付。

妇女应出示护照或其他证件开具生产证明，确认是本人的强制医疗保险保险单和强制养老保险证明。

怀孕妇女在孕30周后由国家或地方卫生部门开具生产证明（多胎的28周以上），以接受专门服务。妇女照料孩子到3个月期间，生产证明可以递交儿童医院，便于对儿童进行预防接种。

怀孕与生产期间的医疗服务支付，根据2007年12月29日第987号政府令，由俄罗斯联邦保险基金的地区机构与卫生部门确定标准合同形式提供。俄罗斯保险基金地区机构监督卫生机构给妇女发放生产证明。

给予妇女怀孕期间咨询费用的医疗救助标准为3 000卢布，妇女生育期间给予产院的费用为每位妇女6 000卢布，对新生儿的照料费用为1 000卢布。对医疗服务的评价，依照2011年2月1日出台的俄罗斯卫生部第72号文进行。

不应支付的服务范围：①怀孕12周以上的女性咨询；②在产院期间死亡的（除生育两个或两个以上孩子，保住了妈妈或至少一个孩子生命的）；③在孩子一岁期间或因其他事由死亡的，参照2007年1月15日俄罗斯联邦卫生部出台的第33号文。

第四节　医药保障

在联邦国家保障框架内保障给予公民免费的必需药物和医疗产品，给予残疾儿童专门食品供应。

根据联邦法律《国家社会救助法》和《残疾人社会福利法》，1993年1月15日俄罗斯联邦法律第4301—1号文《关于苏联英雄、俄罗斯联邦英雄和全部荣誉勋章获得者的地位》及其他法律文件规定，属于此范围内的人员享有免费或优惠药品和医疗产品的权利。

1994年6月30日俄罗斯联邦政府第890号决议确定了人员目录和病种，据此，经过门诊治疗后根据医生开具处方给予免费药物与医疗产品。享有免费药品的范围包括：①卫国战争的参加者和致残人员；②参加与其他国家因领土问题发生的战争致残人员；③牺牲士兵的父母和没有再婚的寡妇；④列宁格勒被包围期间在此工作的人员；⑤苏联和俄罗斯联邦英雄，所有荣誉勋章获得者；⑥过去的法西斯战俘营的未成年囚犯；⑦三岁前儿童或长寿家庭六岁前儿童；⑧其他人群。

给予免费药品救助的病种包括：①儿童麻痹症；②人体免疫缺损病毒；③肿瘤与放射状疾病等。

药品给予五折优惠的范围是：①拿最低养老金的退休者；②尚在工作的二级和三级残疾人及失业者；③1988—1990 年参与切尔诺贝利核泄漏事故处理的工作人员或在此期间从事其他与核泄漏相关工作的人员；④受到政治惩罚限制人身自由、流放、驱逐出境、限制自由条件下的强制劳动者等。[①]

为适应给公民提供一套社会服务的需要，2004 年 12 月 29 日俄罗斯卫生与社会发展部通过第 328 号决议，医疗预防机构给以最初的卫生保健援助，公民从医疗预防机构获得必须用药品。机构引进个人就医医疗卡并以保险号设立个人账户。

由医生开具处方决定免费药品或医疗产品。由医生委员会决定是否改变处方，并由医疗预防机构的主治医生最终确定。如果发生暂时没有开具药单的情况，药店应当给患者安排延长 10 个工作日的服务。

2015 年 9 月 10 日普京在俄罗斯《星期报》指出，从来没有也不准备提出禁止进口药品和进口医疗器械。对俄罗斯而言存在着竞争，应该发展相关领域，不仅仅是仿制药品，而且要自行研究新的药品，并投入生产。他认为当前俄罗斯有许多出色的、水平高的专家在众多制药企业工作，组建了完整的科研团队研发新的制剂，以扩展药品目录，俄罗斯将开拓世界市场。[②]

---

① Право социального обеспечения：учебник и практикум для прикрадного бакалавриата/под ред. В. Ш. Шайхатдинова. -3-е изд.，перераб. и доп. -М.：Издательство Юрайт，2015.

② http://www.ramble.ru.

第五节 疗养治疗

疗养治疗是一种社会保障方式。疗养治疗是运用在疗养地的自然医疗资源达到预防、治疗和康复等目的的医疗救助。

疗养治疗的方向：①活跃及保护人体的适应机制，预防疾病，促进健康；②恢复和补偿因为外伤、手术和慢性疾病破坏的身体机能，减少紧张程度，延缓疾病的发展，并使残疾人得到应有的医疗康复。[①]

为维护疗养治疗的组织秩序，俄罗斯卫生与社会发展部于 2004 年 11 月 22 日通过了第 256 号决议。享有免费或优惠疗养治疗权利的是特定人群，比如参加卫国战争并致残的残疾人，在化学环境中工作的人等。

疗养机构需要拥有提供医疗活动的许可证和提供就餐的证书。免费或优惠疗养治疗仅限于俄罗斯联邦境内。在疗养机构居住或康复的时间为 14～24 天。经医疗预防机构医疗鉴定委员会批准的有外伤的病人，疗养治疗时间可延长至 45 天。

劳动者根据卫生机构提供的医疗结论提出申请，在此基础上由社会保障机构颁发疗养证。从 2010 年 1 月 1 日起，颁发免费和优惠疗养证进行预算。

发给 4 至 15 岁儿童疗养证，其父母可以陪同，并同时获得疗养证。尚在工作的一级残疾人有为伴随他的人获得第二张疗养证的权利。在专业疗养院进行康复治疗的疗养证由医疗预防机构发放，时间为 24 天。

当疗养结束时，疗养院会给患者开具证明，患者必须把此证明交到医疗预防机构。

公民拥有从国家社会救助机构获得一系列社会服务的权利，例如从俄罗斯联邦保险基金中支付来往于治疗地点的城市间的交通费用。疗养费由联邦财政支付。在疗养机构一天的费用有规定数额，由俄罗斯联邦政府确定。不同地区间有不同的工资指数，在疗养机构的费用根据这些指数确定。

---

① Право социального обеспечения：учебник и практикум для прикрадного бакалавриата/под ред. В. Ш. Шайхатдинова. -3-е изд.，перераб. и доп. -М.：Издательство Юрайт，2015.

第五章

社会福利

相比于以中国为代表的发展中国家，俄罗斯的社会福利系数和居民的幸福指数要高一些，原因主要是经济因素，毋庸置疑，国家的宏观调控以及政府的政策在一定的时期也起着重要的作用。

第一节　暂时无劳动能力者津贴

一、暂时无劳动能力者津贴证书和支付宗旨

暂时无劳动能力津贴要根据出具的无劳动能力证明获得，俄罗斯卫生与社会发展部于 2011 年 6 月 29 日通过第 624 号决议，专门规范无劳动能力证明的办理。

病假证明是为确定在俄罗斯联邦境内工作的俄罗斯联邦公民、外国人、无国籍人和难民暂时无劳动能力。病假证明提供给因无劳动能力停止工作或劳动活动后 30 天的失业者、曾经的军人、国家公务员和公民，以便在职休假。

病假证明的开具及收回由同一家医院做出。医生开具的病假证明每人每次是 15 天，超过 15 天后由患者居住地或暂住地的医疗组织医生委员会延长病假证明。根据医生委员会的决定病假证明可延长至完全恢复劳动能力，但不能超过 10 个月，特殊情况（如外伤、手术、结核病等）不能超过 12 个月，包括医生委员会确定的可延长到 15 天之内。

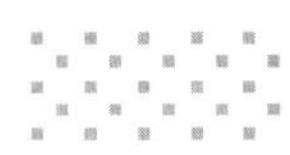

病假证明规定假期结束时间，进入暂时无劳动能力假期期间，怀孕、生产及产假期间，照料孩子到3岁假期期间不保留工资。

由作为保险人的雇主支付工作地被保险人的津贴。自2005年开始，首次3日患病期暂时无劳动能力津贴由保险人（雇主）支付，从第3日起到恢复劳动能力或者规定的残疾人津贴由保险支付。在暂时无劳动能力人提出申请之日起10日内决定是否给予津贴。

在被保险人从医院出院后直接进入疗养机构的，暂时无劳动能力津贴支付不超过24天。残疾人津贴每年支付不超过4或5个月。在患结核病期间，津贴支付直到劳动能力恢复或者因结核病导致劳动活动限制能力升级之日。签有6个月短期劳动合同（包括短期服务合同）的劳动者，在签订劳动合同至合同终止期间因病或外伤的，享有不少于75日的暂时无劳动能力津贴。患有结核病的，津贴领取至恢复劳动能力之日或成为残疾人时。如果是在签订劳动合同至终止合同期间生病或受伤的，自劳动者开始工作之日起确定津贴。

法律关于保障照顾病人的家庭成员的暂时无劳动能力津贴支付期限，与年龄、住院条件（门诊或者住院），诊断及其他原因有关①：

1. 7岁以下儿童在门诊治疗或者共同住在住院部，一年时间内不超过60日全职照料孩子。如果孩子的病包含在2008年12月20日俄罗斯卫生与社会发展部通过的第84号文确定的病种清单中，则全职照料孩子的时间为一年时间内90天。在此病种清单中包括肿瘤、骨肌肉组织、心脏病等。

2. 7至15周岁在门诊治疗或者共同住在住院部，每种病不超过15天，一年时间内不超过45天的全职照料。

3. 15岁以下的残疾儿童在门诊治疗或者共同住在住院部，一年时间内不超过120天的全职照料。

4. 照顾15周岁以下人体免疫缺损病毒感染症的儿童，全职照料整个住院

① Право социального обеспечения: учебник для академического бакалавриата/Г. В. Сулейманова. -3-е изд., перераб. и доп. -М.: Издательство Юрайт, 2015.

期间。

5. 15 岁以下在门诊治疗或者共同住在住院部，患接种疫苗并发症、恶性肿瘤的，全职照料整个住院期间。

6. 成年家庭成员在门诊治疗期间，每次不超过 7 日，一年不超过 30 日。

暂时无劳动能力津贴不支付给保留全部或部分工资而脱离工作岗位或不带薪休假的劳动者。

在以下期间不提供津贴：①解除工作；②遭到逮捕；③进行法医鉴定。由于以下情况出现暂时失去劳动能力的拒绝支付津贴：①法庭认定预谋危害自身健康或试图自杀；②做出预谋犯罪。

暂时无劳动能力津贴确定如果周转，应当在恢复劳动能力（或者确定残疾）或者因为照顾生病的家人脱离工作岗位期间、临时隔离、安装假肢或医治不当等，最晚不超过 6 个月。

由俄罗斯联邦社会保障地方机构根据请求期限内具有正当理由的通行证确定给予津贴的期限。请求津贴期限的正当理由清单通行证由 2007 年 1 月 31 日俄罗斯卫生与社会发展部通过的 74 号决议确定，包括：①不可抵抗力；②被保险人长时间暂时无劳动能力且持续超过 6 个月；③到其他居住点或改变暂住地；④因非法休假或逃避工作引发的被迫旷工；⑤损害健康或近亲属死亡；⑥法律程序认定的正当理由。

如果被保险人曾为一些雇主工作过，由被保险人选择其中之一支付津贴，且需要其他雇主开具没有支付津贴的证明。如果生病或者损伤发生在因劳动合同终止工作 30 天以内的，暂时无劳动能力津贴由最后工作地的俄罗斯联邦社会保障机构支付。

二、暂时无劳动能力者津贴计算

暂时无劳动能力者津贴与被保险人参加社会保险后的持续保险工龄有关。按日历规则计算持续保险工龄。保险工龄包括依据劳动合同的工作期限，国家公务员或地方公务员的工作期限，包括在公民应当加入强制性社会保险以

防暂时无劳动能力的期间。2007 年 2 月 6 日俄罗斯卫生与社会发展部通过第 91 号决议确定了确认保险工龄的规则。

津贴支付有以下标准：

1. 保险工龄在 8 年或 8 年以上的，按平均工资 100％支付；

2. 保险工龄在 5 至 8 年之间的，按平均工资 80％支付；

3. 保险工龄在 5 年以下的，按平均工资 60％支付。

某些领域的被保险人（例如，在化学品环境中工作，工作的战争残疾人，遭受疫苗后遗症等），津贴不受保险工龄限制，按平均工资 100％支付。如果生病或受伤发生在因劳动合同终止工作 30 天以内的，津贴按平均工资 60％支付。

照顾生病孩子，在门诊治疗期间，前 10 天的津贴按照持续保险工龄计算支付，之后的津贴按平均工资 50％支付。如果孩子住院的，津贴标准按照持续保险工龄计算与支付。

照顾超过 15 周岁的生病家庭成员的，津贴计算按照持续保险工龄计算。保险工龄少于 6 个月的，津贴标准按照联邦法律规定的最低劳动收入计算。地区或地方工资有地区差的，津贴的计算按照地区差距计算。

减少暂时无劳动能力津贴的条件是：

1. 无正当理由，被保险人违反医嘱的；

2. 在医生规定的检查或社会医疗鉴定日期内，无故缺席的；

3. 生病或受伤是因醉酒或吸毒导致。

暂时无劳动能力津贴的计算以被保险人暂时无劳动能力之前 24 个月的平均工资为基数。

工资包括计算保险费的所有形式的收入，确定 2 年内的平均工资。例如，如果无劳动能力发生在 2014 年，确定日平均工资的最低标准为：（512 000＋568 000）/730（天）＝1 479.45 卢布。月平均工资为 1 479.45 乘以 30.4（月平均天数）＝44 975.28 卢布。如果津贴计算要根据被保险人持续保险工龄，

如被保险人持续保险工龄为 7 年，津贴按平均工资 80%支付，月津贴为：44 975.28×80%＝35 980 卢布。当然，被保险人获得津贴数和其生病的时间也有关，不满一个月的按照日平均工资乘以相应的生病天数计算。[①]

从 2015 年 1 月 1 日起，俄罗斯联邦社会保险基金对暂时失去劳动能力和生育强制性社会保险的缴费基数增加至 670 000 卢布，对俄罗斯养老保险基金的强制性养老保险金缴费基数增加至 711 000 卢布。[②]

2015 年 1 月 1 日起施行的联邦法律规定，强制社会保险中暂时失去劳动能力和生育保险适用于暂时居住在俄罗斯联邦境内的外国公民。[③] 目前，外国人有资格获得这种类型的强制性社会保险，前提是在他们获得暂时或永久居住在俄罗斯联邦的权利之后。根据联邦法律，工作暂时停留在俄罗斯联邦境内的外国公民有权获得临时伤残津贴，按规定在俄罗斯联邦社会保险基金至少应缴纳六个月保费。此外，它规定雇主有义务根据劳动关系按照劳动收入的 1.8%向社会保险基金支付这些劳动者的保险费。

2015 年 1 月 1 日起施行的联邦法律规定，延长支付照顾 15 至 18 岁重病少年其父母的暂时失去劳动能力津贴的时间。重病少年包括残疾、感染艾滋病毒、癌症，以及与接种后的并发症有关的疾病少年。

第二节　失业救济金

苏联时期，国家实行普遍就业政策，所以不存在公民失业的情况，那时失业救济金被取消。但是，随着社会的发展，在向市场经济转轨的过程中产生了大量的失业者，为了保障失业者的最低生活水平，俄联邦再次设立失业救济金。随着客观需求，俄随后也出台了一些其他保障公民就业的措施。

涉及失业救济金最主要的法律文件是《俄罗斯联邦居民就业联邦法律》，

① Право социального обеспечения: учебник для академического бакалавриата/Г. В. Сулейманова. -3-е изд., перераб. и доп. -М.: Издательство Юрайт, 2015.

②③ 俄罗斯劳动与社会保障官方网站。

该法律于 1991 年生效。1994 年，俄罗斯政府对该法律进行了首次修改，并不断改善和补充。

一、如何获得失业救济金

失业救济金是失业者获得的最主要的救济金。根据法律规定，每个有政治权利的失业者都可享受两种补助金：失业救济金和临时失去劳动能力补助金，两种补助金都由俄罗斯就业基金会来拨款。除此之外，失业者还可得到的社会保障权益包括：培训与重新学习的补助金；直接参加有偿公共事业单位的工作；在当地就业服务处的推荐下，免费迁移至其他有需求地点工作。

失业者需在当地就业服务处登记，表示其在待业状态。失业者向当地就业服务处提供必要的文件，包括：护照、劳动手册、职业资格证书、平均收入证件等，当地就业服务处需在 11 个工作日内确定该公民是否是失业者。领取失业救济金的人员，必须要有就业服务处承认的失业者身份。

下列人员不是失业者，因此也无法获得失业救济金：①未满 16 周岁的公民；②已享受养老退休金和以工龄为基础的退休金的公民；③从登记日起 10 天内，拒绝两份由就业服务处提供的工作机会；④处于待业状态的公民，10 天内未去当地就业处询问是否有合适自己工作机会的；⑤获得失业者身份后，10 天内未到就业服务处报到的；⑥罪犯或有犯罪记录的公民。

二、失业救济金的发放

《俄罗斯联邦居民就业法》规定，处于待业状态的公民在 18 个月内，失业的时间不能超过 12 个月，也就是说，在 18 个月内某失业人员最多只能领取 12 个月的失业救济金。若在 18 个月内，当地就业服务处没有向失业者提供符合其专业的工作机会，该失业者可再次向就业服务处提出申请失业补助金。

从大体上来说，连续 36 个月内，每个失业公民领取失业救济金的时间最多不能超过 24 个月。我们也不能忽视其中的一些特殊情况：一类人是军转民的企业职员在有关俄罗斯政权机关、主体、地方自治机关的批准下可以享受超过 24 个月的失业救济金。另外一类是公民已达到获得养老退休金要求的工龄但是还未达到要求的退休年龄，在这种情况下，在持续 36 个月中，该失业者可领取 12 个月的失业救济金。工龄每超出养老退休金的要求工龄一年，领取失业救济金的时间就增加 2 个星期，但在 36 个月内累加的额外时间不能超过 12 个月，也就是说，在连续的 36 个月间该失业者领取养老金的总持续时间不能超过 24 个月。

总体来说，计算失业救济金有两个基础：一个是公民在失业前的工资；另外一个是当地最低生活保障。

如果公民在失业前一年内有工作（全职或兼职）且工作的时间不少于 6 个月，则该公民的救济金数额以该公民工作时最后 3 个月的平均工资来计算；若失业者需要抚养没有劳动能力的公民，则其失业救济金可以按需要抚养人的人数提高，具体的提高数是按照每个需要抚养的人数增加该地区主体最低生活保障的 10%，但是总共累计不能超过该地区主体最低生活保障的 30%。若失业者受到切尔诺贝利核事故和其他核事故的辐射，失业救济金外的附加金，按照其受辐射影响的大小分级发放，具体是地区主体的最低生活保障的 10%、20%、40%。

在某些特殊情况下，就业服务处将停止向失业者发放就业补助金且取消失业者身份：①失业者找到合适的工作机会，进行再就业；②失业者获得助学金在当地就业服务处安排的项目进行免费培训等；③失业者超过一个月无故未去当地就业服务处报到；④失业者迁移，永久离开当地；⑤被查出企图通过一些非法手段获得失业救济金；⑥享受失业救济金的公民参加非法活动；⑦公民开始享受养老退休金。

如果失业者存在以下情况，则其失业救济金的发放将被中断 3 个月：①待业状态下的失业者无故拒绝当地就业服务处提供的两次就业机会；②首次就业的公民；③无专业特长的公民；④长期失业但愿意重新开始工作的公民；⑤一年内辞职次数过多且不愿接受当地就业服务处提供的在公共事业单

位的工作机会或培训机会的公民；⑥在工作单位或培训地点有非法行为的公民；⑦无故不按时向当地就业服务处提出失业救济金申请的公民；⑧公民主动提出停止由就业服务处提供的培训。

失业者在产假期间、由于职业培训或学习离开常住地、应征入伍、参加国家组织的活动情况下，就业服务处暂停失业救济金的发放，特定的期间结束后，该失业公民可继续享受失业救济金，可享受的时间按中断时间顺延。

失业救济金的发放、停止发放、减少发放等工作都是由当地就业服务处决定，同时各种决定将以书面形式寄送至当事人。

三、失业人员支持制度

1. 根据俄罗斯《居民就业法》的规定，失业人员可以领取救济金。失业救济中心负责向失业者发放由国家就业基金提供的失业补贴。每名年满 16 岁并根据现行法律具有失业地位的公民均可实现法律赋予的获得失业救济金或补偿金的权利（达到退休年龄后不再享受此权利）。根据失业人员最后工作岗位工资的百分比发放补助，时间为 12 个月。从 2009 年开始失业补助最高金额增加 50％。[①]

2. 组织和实行专门的失业公民分类措施。将失业公民按他们以前职业活动的类别、教育水平、性别、年龄和其他社会人口学特征分组，目的是在当前劳动力市场情况下的劳动安置中给以最有效的帮助。

3. 劳动力市场培训。俄罗斯设立了近百个职业培训中心，为失业人员进行与就业服务机构指派相适应的职业培训、再培训和提高专业技能服务，以使失业者达到重新就业的目的。

4. 积极开展失业人员的心理咨询服务。为了帮助那些长期失业人员克服心理障碍，恢复自信心，俄罗斯劳动和社会发展部于 1996 年 9 月 27 日批准

---

① Социальное обслуживание населения: административно-правовое регулирование: монография/Н. Л. Зуева; Воронежский государственный университет. -Воронеж: Изд-во Воронеж. гос. ун-та, 2013.

了《俄罗斯联邦居民就业指导和心理帮助条件》，并实行失业者俱乐部和新起点计划。通过对长期失业者的心理治疗和专业培训，使他们掌握一定的谋职技巧及方法。与此同时，还对那些即将被裁员的企业员工提供法律和心理咨询服务，对他们进行培训，使其在失业前就做好再就业方面的准备。

5. 其他保障。在就业服务机构派去职业受训时免费医学体检；对根据就业服务机构的建议派去另一地方工作（学习）时受到的物质损失按俄罗斯联邦确定的程序给予补偿。

第三节　残疾人就业与残疾人福利

一、俄罗斯法律关于残疾及残疾人群体的界定[①]

俄罗斯对于残疾和残疾人作了如下规定：

残疾（身体活动能力受限）是指完全或部分丧失了实现自助、自我移动、辨别方向、交谈、控制自己的行为、学习或从事劳动活动的能力或可能。

残疾人是指由于生病、创伤后遗症或身体缺陷等原因引起身体功能紊乱，破坏了其身体健康，从而导致身体活动能力受限制，社会要对其承担必需的保障措施的个人。在俄罗斯，由国家社会医疗认证机构对残疾人身份进行认定，由俄罗斯联邦政府规定认定残疾人身份的条件和规则。

按以上界定条件，俄罗斯残疾人数量在 2015 年达到 1 400 万人（约占人口的 10%），只有 440 万（40%）残疾人具有劳动能力，他们当中有 40 万人被官方安置工作，但实际只有不超过 5 万（1.1%）人在工作。残疾人中有 60 万是儿童。其中有劳动能力的成年残疾人及残疾儿童的数量为 613 000 人。[②] 俄罗斯每年有 3 万左右儿童带有先天性疾病，其中 80%是有残疾的。超过 50%的儿童有功能障碍，需要医疗校正、康复措施。根据俄罗斯政府官

---

① 许艳丽. 俄罗斯残疾人就业的立法及实践 [J]. 山东社会科学，2010 (5).

② 俄罗斯联邦劳动与社会保障部官方网站。

方统计数据，只有30%的新生儿是健康的。[①]

二、相关法律对残疾人就业的具体规定

俄罗斯关注残疾人的生活与就业问题始于十月革命胜利以后。在苏联时期，政府先后颁布了《劳动者社会保障条例》《残恤金条例》，由政府统一安置残疾人的生活与就业。1973年和1974年，苏联政府分别提高了残疾人和残疾军人的优抚金。在苏联颇为完整的社会保障体系下，残疾人的就业也依附于国家和企业，得到了比较好的解决。苏联解体后，在向市场经济转轨的过程中伴随而来的是严重的经济衰退和大规模的劳动者失业，失业成为影响社会稳定的重要因素，残疾人就业也难免受到影响。1994年，俄联邦就业纲要规定，从国家就业基金中拨款支持长期失业者、妇女和残疾人，又开始加大残疾人就业保障工作。

俄罗斯现行的有关残疾人保障的法律，是在符合俄罗斯联邦宪法规定的基础上制定的《残疾人社会保障法》、其他联邦法律、法规及行政规章。

1.《残疾人社会保障法》(1995年11月24日联邦法律第181号)

就业内容主要体现在以下条款上：

第20条规定：俄罗斯联邦国家机构由国家权力通过以下措施保障残疾人的劳动就业，并促进和提高残疾人参与劳动力市场竞争的能力：

(1) 对专门为残疾人开设的工厂以及录用残疾人工作的企业、单位和残疾人机构实行财政和贷款优惠政策；

(2) 对不同所有制形式的机构规定了录用残疾人进行劳动的限额及为残疾人提供专门职位的最低值；

(3) 在适合残疾人就业的岗位，为其最大限度地安排就业；

(4) 促进能为残疾人就业提供相应岗位的企业、事业单位和组织的成立(包括专为残疾人就业服务的机构)；

---

① 俄罗斯联邦国家统计局网站。

（5）制定适合于残疾人个人康复计划的劳动条件；

（6）为残疾人在企业中的活动创立条件；

（7）有关组织对残疾人更换新职业进行培训。

第 21 条规定：对接收残疾人工作建立定额。不论组织的组织法律形式和财产所有制形式，只要组织成员超过 30 人，接收残疾人参加工作的定额不少于 3%。

俄罗斯联邦执行机构有权规定接收残疾人就业的更高定额。

如果有不履行或有可能不履行接收残疾人就业的企业，必须强制该企业主按规定标准向俄罗斯联邦国家就业基金会上缴因不接收规定定额残疾人就业应支付的报酬，这部分资金用于指定用途的残疾人就业岗位的设立。

第 22 条规定：为残疾人就业创建专门就业岗位。为残疾人就业创建的专门就业岗位，是根据劳动部门需要而增补的，包括适应基本的和辅助性装置、技术和组织装配。

由联邦财政、俄联邦居民就业国家基金会支付为残疾人就业所设立专门岗位的费用，除了为残疾人就业创建专门就业岗位之外，还接受工伤及职业病残疾人，因服义务兵役而生病或负伤的军人以及因参与民族争端而陷入极度贫困的残疾人。

第 23 条规定：残疾人的劳动条件。无论残疾人在何种单位就业，用人单位都有义务为残疾人准备适应其个人康复计划的劳动条件。

对一、二级残疾人应缩短工作时间，以保证每星期在支付全部劳动报酬前提下不多于 35 小时的工作时间。如果需要残疾人在休息日工作或上夜班的，应事先征得其本人同意，并不能危害其身体健康。

残疾人每年年休假不少于 30 个公历日。

第 24 条规定：企业主在保障残疾人就业中的责任与义务。

（1）在为残疾人就业提供专门岗位期间，企业主有权咨询及获取相应信息。

（2）企业主定额为残疾人安排就业所需义务

1）建立或分出相应岗位安排残疾人就业；

2）为适应残疾人个人康复计划准备劳动条件；

3）为组织残疾人工作提供相应信息。

（3）不论何种形式组织的负责人，如果违反向俄罗斯联邦国家居民就业基金会或俄罗斯联邦社会保险基金缴纳必须报酬秩序的，要负缴纳罚款的责任；隐瞒或降低必须报酬的，以暗藏的或未交的数目为标准。

第 26 条规定：国家刺激企业或组织保障残疾人的生活能力，国家向适合于残疾人工作的生产工业品、技术工具的企业组织提供支持（包括提供税收优惠），为保障残疾人就业给予医疗支持、教育服务、疗养、日常服务及组织残疾人在业余时间进行文化体育活动。

2. 俄罗斯《劳动法》中关于残疾人就业的有关规定

签订集体合同或劳动合同的残疾人，在劳动报酬、法定工作时间、休息时间、带薪年休假等条件不应低于其他劳动者。为了改善残疾人就业问题，劳动部门为残疾人制定了专门的职业清单，使残疾人在劳动力市场竞争拥有了可能性。

3. 对残疾人就业的特别规定

（1）实行工资保护和补贴政策。俄罗斯法律规定，为残疾人创造一切有利的劳动条件，为他们提供与健全人一样的免费医疗和工资补贴。对盲人和聋人从 18 岁起给予每月 70 至 130 卢布的补贴。对每周工作 35 小时并生产同健全人等量产品的盲人，则给予高出健全人报酬 15％的补贴。

（2）设立为残疾人就业服务的组织机构。为扩大残疾人的就业机会，并使残疾人从事适当的职业，政府必须承担起应负的责任，并设立相应的为残疾人职业康复和就业服务的组织机构，采取必要的康复训练、职业介绍、职业培训和其他相关的必要措施。俄罗斯有专门的残疾人就业服务机构，专门对残疾人开展各项就业服务。

（3）就业保障基金制度。为了控制失业人数的增加，俄政府规定，从国家就业基金中拨款，资助长期失业者、妇女、残疾人。

俄罗斯制定了对残疾人按比例就业的政策，并且还制定了相应的奖惩制度，同时由政府出面设立庇护性工厂，由庇护性工厂予以安置残疾人，并为其提供适宜的劳动岗位、劳动条件和环境，国家对庇护性工厂采取专产、专营以及税收减免等优惠政策。这些措施对于促进全社会范围内保障残疾人就业和改善他们生活无疑起到了重要的保障作用。

三、俄罗斯残疾人就业现状分析及启示

1. 俄罗斯残疾人就业的具体情况

俄罗斯残疾人数量有不断增长的趋势，按俄罗斯政府统计，1995 年俄罗斯残疾人有 630 万人，而到了 2015 年已经达到 1 400 万人。尽管俄罗斯的《残疾人社会保障法》用行政强制手段保证残疾人就业，但由于市场经济不可避免导致一些企业把盈利作为自己的唯一经营取向，想方设法规避社会责任，减少使用残疾人，或者使用了残疾人却又不为他们提供平等的工资待遇。最终导致的结果是增加了残疾人失业。

根据俄罗斯联邦社会政策委员会统计数据，到 2015 年 1 月 1 日止，有劳动能力的成年残疾人的失业率占整个俄罗斯失业率的 40％。[①]

2. 个人康复计划[②]

针对残疾人就业中出现的问题，俄罗斯政府加大了政策规范与执行力度，制定了一系列旨在提高残疾人就业和融入社会能力的个人康复计划。

（1）“2000—2005 年残疾人社会援助”计划。计划是在 1995 年 11 月 24 号颁布实施的俄罗斯联邦法律第 181 号文件《俄罗斯联邦残疾人社会保障法》第 11 条中提出来的，按照该计划，2000—2005 年期间全俄残疾人组织拨出

---

① 俄罗斯联邦国家统计局网站。

② Приказ Минтруда России от 24. 11. 2014 N 935н “Об утверждении Примерного порядка предоставления социальных услуг в стационарной форме социального обслуживания”.

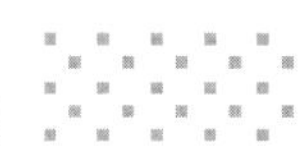

221 240 000 卢布用来为残疾人建立疗养院和企业，并由国家出资建设 9 个假肢一矫正工厂（这些都是国家大型企业）。实施这项计划的直接结果是使 571 200 名残疾人从新恢复了劳动与社会生活。

（2）“2006—2010 年残疾人社会援助”联邦专项计划。2006—2010 年援助计划的目的是通过实施社会援助活动，支持全俄残疾人社会组织所属企业能够增加残疾人的就业岗位。实施这项计划每年能使 15 万～16 万的残疾人从新获得职业，重返社会及日常生活。为确保这项计划实现，政府制定了以下相关政策：

1）进一步发展与全俄残疾人社会组织就保障残疾人劳动就业问题进行合作，在社会保障及支持假肢一矫正企业方面提出具体实施。为提高残疾人生活质量，使他们摆脱困境，对残疾人实施个人康复计划的人数：2005 年 265 400 人，2006 年 290 000 人，2007 年 314 000 人，2008 年 344 400 人，2009 年 372 000 人，2010 年 407 000 人。①

2）为帮助全俄残疾人社会组织建立所属企业，为残疾人增加新的就业岗位提供国家支持，并确定实施标准，使全俄残疾人联合会、全俄盲人联合会、全俄聋哑人联合会及俄罗斯阿富汗老战士协会所属企业实现现代化。

有效实现这项计划活动的指标，预计为残疾人增加的就业岗位为：2006 年不少于 560 个，2007 年不少于 120 个，2008 年不少于 770 个，2009 年不少于 1 470 个，2010 年不少于 1 320 个，在所有的俄罗斯残疾人社会组织所属企业计划设立不少于 4 250 个工作岗位。②

（3）“为因作战行为及战争创伤成为残疾人的社会援助与康复”计划。这是一项专项计划，主要是服务于因作战行为及战争创伤成为残疾人的军人，研究部署及贯彻推广创新型的康复机关，使用现代化科技手段实施康复。这项计划包括：通过实施一些措施实现再就业或提高业务水平（或熟练程度），

①② 俄罗斯联邦国家统计局网站。

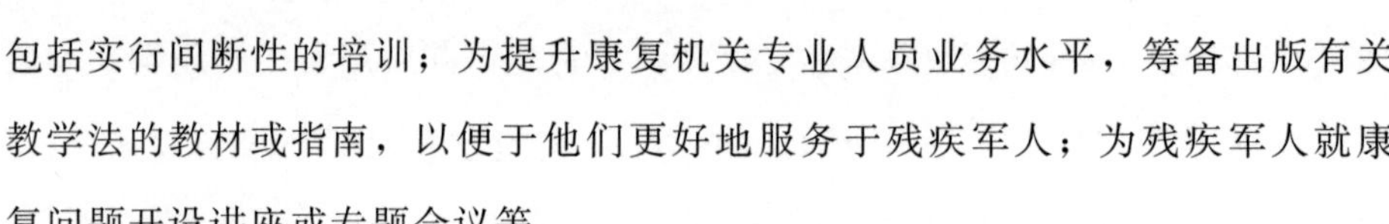

包括实行间断性的培训；为提升康复机关专业人员业务水平，筹备出版有关教学法的教材或指南，以便于他们更好地服务于残疾军人；为残疾军人就康复问题开设讲座或专题会议等。

这些计划的实施，目前已初见成效，在一定程度上改善了残疾人的就业与生活条件。俄罗斯在保障残疾人就业方面给我们可以借鉴的启示是：首先，加强政府立法，将残疾人就业纳入到国家法制体系当中；其次，政府加大直接投资力度，国家投入大量资金、人力物力来促进残疾人就业；最后，通过实施残疾人个人康复计划，使残疾人通过专业的综合康复体系重新融入社会，从而为保障残疾人就业提供具体而现实的帮助。

第四节　儿童福利与儿童保护

针对儿童的主要国际性公约是于 1989 年 11 月 20 日通过的《联合国儿童权利公约》。儿童是指 18 岁以下的任何人，除非对其适用之法律规定成年年龄低于 18 岁（公约第 1 条）。关于对儿童的一切行为，不论是由公（私）社会福利机构、法院、行政当局或立法机构执行，均应以儿童的最大利益为一种首要考虑（公约第 3 条）。

俄罗斯在国家层面支持和保护家庭，包括父母和儿童，被认为是作为一种社会状态体现宪法价值所在。俄罗斯联邦宪法第 39 条第 1 款明确规定：“在患病、致残、失去抚养人、为了教育子女和法律所规定的其他情况下，对每个人按照年龄提供社会保障。”2012—2017 年国家战略遵照联合国儿童权利公约和俄罗斯联邦宪法的规定，强调根据每个孩子的需要来决定和实行与此相关的必要福利。

2012 年 6 月 1 日签署的第 761 号总统令，批准 2012—2017 年儿童国家行动战略，旨在改善儿童保护状况，在最大程度上适用于社会保障。

根据国际公约和俄罗斯宪法要求，在俄罗斯每个孩子都有及时免费获得社会保障的权利，即其本身或与父母（家庭）相结合足以满足其基本生活需

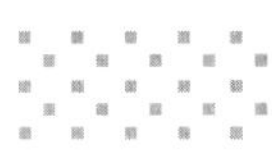

求。在社会保障领域的儿童权利被视为不仅体现儿童的个人价值，同时也是生命发展权的保障之一。儿童的身体和心智不成熟，需要特殊的保护和照料，包括适当的出生前后的法律保护。在其出生之前需提供给孕妇必要福利，因适龄男女是儿童的潜在父母，同时也要保护妇女和男性的身体健康和劳动安全。①

一、影响儿童法律保护的几项指标

2012—2017 年战略中提到，仅在过去 10 年中俄罗斯儿童的数量下降超过 650 万人（从 3 160 万人降至 2 500 万人）。在 2010 年 16 岁以下儿童中，低收入人群比例高于全国平均贫困率，其中最脆弱的一岁半至三岁的儿童，大多来自多子女、单亲和家长失业家庭，残疾儿童，孤儿等，每一类孩子的问题有自己的具体情况，但大多涉及以下几项指标。②

1. 生活条件指标

俄罗斯儿童和青少年的身体健康问题不容乐观。主题为“儿童实际问题”的俄罗斯儿科医生大会（2012 年），曾分别给出以下数据：俄罗斯每 10 个孩子中有一名儿童出生早产或出生体重低。每年高达 38%的孩子出生时是病患儿或在新生儿期生病。儿童总体发病率，14 岁以下增长 26.6%，15 至 17 岁之间增长 97.8%。约有 30%的青少年因健康原因限制其选择专业和职业，17 岁男孩 30%被认为不适合服兵役。青少年中，超过 40%有疾病，在未来可能会影响其生殖功能。

儿童的健康状态有其生活条件和生活方式的影响，包括经济社会和学校因素，食品质量和鉴定，儿童们的生活困境，酗酒吸毒，年幼的少女犯罪等。在俄罗斯过去 20 年众多的官方文件中（包括规划，国家计划，国家观念，2012 至 2017 年战略等）不仅指出儿童和多子女家庭的贫困，生育率下降，家长和儿童健康状况不佳的原因，而且还提出了多种具体的标准以纠正这种状

①② Азарова Е. Г. Социальное обеспечение детей: теоретические подходы. М., 2012.

况，但是其中很多都没有得到执行，甚至出现了相反的趋势。比如减少了之前已有的儿童福利，儿童福利从联邦政府的水平转移到区域或城市的水平，降低了相关社会政策的资金预算等。[①]

2. 怀孕妇女的劳动保护

儿童的法律保护和福利应从提供给孕妇必要的保障和福利开始。儿童的生命和健康权利与母亲怀孕期间的工作条件密切相关。[②] 有俄罗斯学者建议有必要扩大医疗机构的权利，发放给怀孕妇女暂时丧失工作能力证书，或根据医生建议为保护孩子的利益增加补贴。按照俄罗斯联邦劳动法规定，女性照顾孩子的假期直到其三岁。但在不少俄罗斯孕妇的工作单位，并不能给予她们有效的劳动保护；社会保障主管部门也没有提供给孕妇必要的社会服务。[③]

3. 家庭津贴的支付

1999 年 7 月 16 日俄罗斯联邦法《关于强制性基本社会保险法》第 7 条规定，被保险人照顾幼儿到一岁半的时间被认定为保险事项。有俄罗斯学者提出，有必要把给被保险人或其配偶（妻子）照顾幼儿直到 3 岁列入保险事项。同时建议扩大发放福利范围以及发放福利的期限。根据地方法律，为贫困家庭最普遍类型的社会支持是提供每月子女津贴，这是认定温饱水平的一项指标。但是，联邦立法者无权自主决定 18 岁以下儿童每月津贴的最低标准，包括多子女家庭和单亲家庭的孩子。2012 年 5 月 7 日第 606 号总统令“关于采取措施落实俄罗斯联邦人口政策”，确定给 2012 年 12 月 31 日之后出生的第三个孩子或者最后一个孩子的多子女家庭提供新的财政帮助，按照儿童的地区性最低生活标准支付每月家庭津贴直到孩子三岁。[④]

---

① Владыкина Т. Если у Вас нет жены//Российская газета. 2012. 13 сент.

② Герасимов В. Н. Новые гуманитарно-правовые технологии решения проблемы воспитания детей в неблагополучных семьях//Семейное и жилищное право. 2011. N 5.

③ Гусева Т. С. Социальное обеспечение семьи, материнства, отцовства и детства в России: теоретические и практические проблемы. Пенза, 2011.

④ Захаров М. Л. Социальное страхование в России: прошлое, настоящее и перспективы развития (трудовые пенсии, пособия, выплаты пострадавшим на производстве). М., 2013.

二、儿童福利法考虑的因素

儿童社会保障是指当儿童的父母因为客观原因不能保障其最低生活标准时给予家庭的物质支持。俄罗斯学者认为，可以根据以下一般规则来形成儿童福利法的基础。

1. 家庭规模

社会保障以每月家庭津贴的形式提供给儿童福利的标准，除考虑其父母的收入以外，还应考虑其家庭规模（孩子数量）。

每月津贴应全额给予第二个和之后的孩子，对单亲家庭没有必要审查，但要履行申请手续。目前俄罗斯官方专门规定了儿童的最低生活费用标准，儿童福利应不少于这个最低标准的50％。

2. 家庭责任

孩子不仅是社会的正式成员，也是一个小的社会群体（即家庭）的一名成员。① 孩子往往和父母住在一起，父母作为监护人要为他们的生存与发展负责。在现代社会，由于种种原因，许多成年人都不愿意要孩子，孩子问题被认为是家庭私事。俄罗斯联邦宪法第38条第2款规定关怀和培养子女是父母的权利和义务。

对儿童需求关注不够是俄罗斯现代社会中的不利因素：一是完整的家庭理想消费屈指可数；二是离婚自由的个人主义观。② 据统计，一个四口之家38％的收入消费用于食品，55％以上用于电费与煤气。由于离婚，一个解体的家庭负担更重。据统计，虽然大多数俄罗斯人（93％）仍然希望组建家庭，养育好儿女，但由于传统家庭价值观的破坏，独自工作，没有稳定前景的两个人很难建立共同的未来。③

---

① Корсаненкова Ю. Б. Правовая защита семьи, материнства и детства в социальном обеспечении России//Вопросы ювенальной юстиции. 2009. N 6.

② Корсаненкова Ю. Б. Проблемы совершенствования законодательства о ежемесячных пособиях на ребенка//Трудовое право. 2008. N 3.

③ Маркс К., Энгельс Ф. Соч. 2-е изд. Т. 23. С. 458.

在俄罗斯，上述趋势已经对生育产生了毁灭性的影响，并体现在出生孩子的命运上，社会状况下的家庭责任，特别是妇女尤其成为雇主最不满意的员工。①

3. 国家责任

俄罗斯有国家父爱主义的传统，国家父爱主义高度强调儿童的脆弱性与依赖性，认为国家应该通过有组织保护儿童的行动去捍卫并提高儿童福利。国家主导的儿童社会福利不仅应该关注得不到家庭充分照顾的儿童，也应该设法增强一般正常家庭的育儿能力。② 据俄罗斯《生意人报》报道，在俄罗斯人最不能容忍的行为和现象排行榜上，紧随吸毒之后名列第二位的是“不良家庭教育，对子女不加管教，放任自流”的行为。

无论是在理论上还是实践中，当家庭无力承担起抚育儿童的责任时，作为儿童终极监护人的国家都有介入所谓“私领域”的儿童抚育事务的国家责任。这种国家干预，不仅是出于对作为公民的儿童权利保护的需要，也是国家维护社会公平正义的需要。

三、影响儿童保护的社会原因分析

儿童的生命、健康和福利在许多方面直接依赖于劳动法规的制定与实施。违反基本规定的行为是俄罗斯儿童福利事业效率低下的原因之一。

1. 违反劳动法的有关规定

在调整劳动关系的基本法律中，俄罗斯联邦劳动法第 2 条明确要符合国际标准要求，确保每一个工人公平的工作条件，包括符合安全和卫生要求的权利；按时足额支付公平工资，保证使他本人及其家人有尊严地生活，并且不低于最低生活标准。

低收入使很多家庭缺乏正常的生活条件，工作的妇女有很大一部分（约

① Сидорова Т. Кому и зачем нужны наши дети//Правда. 2012. 26 апр.

② Герасимов В. Н. Проблемы современных многодетных семей в России: сравнительный анализ с законодательством стран ЕС.

15%）从事重体力劳动，生殖健康不佳的工作条件下会引发大量流产，造成出生率下降。要给予妇女公平报酬，这是最基本的要求，不仅是维护其自身利益，而且维护其孩子利益。[①]

有俄罗斯学者提出，俄罗斯联邦强制性社会保险和养老基金有必要制定补偿机制，发放妇女怀孕和分娩期间的福利。如果儿童残疾是由怀孕期间母亲的不利劳动条件造成的，需要支付造成侵犯妇女劳动保护的成本，为残疾儿童缴纳社会养老金和康复支出。这不仅增加政府财政支出而带来警示，也能在更大程度上迫使用人单位遵守劳动保护法。

关于薪酬水平的规定，2012—2017年战略中规定，减少儿童贫困，必须首先解决向他们提供抚养者的最低收入，这由实施公平薪酬的劳动法规定，并应建立一套完整的机制。[②]

2. 学前教育机构提供的服务不完善

俄罗斯儿童的利益与需求涉及多部门的联动，包括：教育机构、医疗卫生、社会保障、养老金和强制性社会保险的其他预算外资金、未成年人事务委员会、国家立法机关和不同层次的执行机关、法院、儿童权利和人权委员会等。由于部门之间协调不力，很多承担儿童福利的主要责任落空，难以确保每个孩子有一个快乐的童年。

比如学前教育机构可以实现儿童受教育的权利，但在同一时间却不能保护其健康。社会福利赋予学前教育机构行使保育和看护儿童的权利，不断出台旨在激励这些机构为每一个需要帮助的儿童提供服务的措施。这导致增加了班级数量和教育工作者的负担，某种程度带来对儿童健康和教育的不良后果。同时，我们看到学前教育机构对就业父母提供的服务不专业，并从孩子本身的利益角度来看，很明显，孩子越来越不需要集体，而是需要个人（或

---

① Владыкина Т. Если у Вас нет жены//Российская газета. 2012. 13 сент.

② “Основные направления бюджетной политики на 2015 год и на плановый период 2016 и 2017 годов”.

家庭）护理和教育。

至于教育服务，是让儿童在学前班每天不超过 3 至 4 小时。儿童长期在幼儿园得不到父母关爱，对其人格培养极为不利。正如儿童权利公约序言中提出，儿童全面和谐的个性发展需要在家庭环境中成长，生活在快乐、关爱和理解的气氛中。虽然幸福、关爱和理解不是也不可能是法律定义，但是它是在确定儿童基本状况，以及实现其权益时需要加以考虑的因素。因此，家庭环境在俄罗斯被列入剥夺父母监护权和需要收养儿童家庭的条件。

国际劳工组织于 1981 年 6 月 23 日批准通过第 156 号公约“有家庭责任的男女劳动者的平等待遇和平等机会”，俄罗斯批准了该公约，并开发和推广公共或私人家庭服务业的发展，比如发展儿童照护机构或部门为家庭服务和帮助。但是，目前幼儿园的服务覆盖面不广，这个问题需要在联邦层面加以解决，如果一个或其他俄罗斯联邦主体不为机构提供必要的学龄前儿童保健服务，就必须补偿家庭照顾儿童的费用。同样的补偿可给予自愿自己教育学龄前儿童而没有占用公共资源的家庭，国家应重视对照顾子女家长的物质关怀。

3. 儿童保护被认为是私事

生养孩子的家庭被认为是履行了社会职能而不仅仅是个体职能，尤其是对存在人口危机的国家和社会富有意义。

家长自愿供养和教育社会新成员（有时认为损害到自身利益），因为他们相信生孩子是私事，并不意味着孩子作为一个独立的国家公民，应该享有国家提供的许多社会福利是无须个人支付的，包括免费教育（包括学前教育和高等教育）、免费医疗（包括高科技）、免费的社会服务、免费生活空间等。

由于公民（家庭）捍卫儿童权利的积极姿态，在立法中对儿童有重要作用，在 1995 年 11 月 24 日通过的第 181 号联邦法《关于俄罗斯联邦的残疾人社会保护》第 33 条关于残疾人成立社会团体的权利声明：社会团体组成和运行的目的是保护残疾人的合法权益和利益，是残疾人社会保护的一种形式，特别是对残疾儿童的社会保护。

俄罗斯联邦政府社会支持委员会支持2015—2020年发展社会保护领域的早期干预理念。政策的制定实施需要跨部门合作，其中包括专家界的代表，针对困难家庭孩子的儿童支持基金，战略计划署，俄罗斯卫生部，俄罗斯教育部等。①

俄罗斯联邦劳动与社会保障部副部长格里戈里·雷卡雷夫说："早期干预是通过跨部门专家小组提供给孩子一个综合的医疗、社会、心理和教育服务，根据专家组解释，将对0到3岁的儿童、孤儿和无父母照顾的儿童、残疾儿童，存在持续侵犯身体功能风险和社会风险的儿童群体等进行早期干预。该项目对上述范围的儿童进行的早期干预有长达8年的可能性。"②

副部长还指出，实施这一理念需要解决一些问题，包括同时考虑俄罗斯和外国的经验，规范早期干预组织的方法论基础，创造统一的服务体系，为各区域早期干预计划的发展创造条件。"这项工作计划同样反映在2011—2020年无障碍环境国家计划中"，格雷戈里·雷卡雷夫说。③

四、俄罗斯儿童保护的经验借鉴

俄罗斯的儿童法律保护与社会保障尽管有不尽如人意之处，但是有以下经验值得学习借鉴。

建立了家庭寄养制度。在俄罗斯，孤儿一般安置在寄养家庭，即为孩子或子女监护权的实施通过薪酬合同进行，按月支付资金给事实上的监护人。通过家庭寄养的新模式能够使孤残儿童更好融入家庭和社会中去，有助于孤残儿童回归家庭、回归社会。家庭寄养比儿童福利院要好很多，尽管在寄养家庭中也没有寄养儿童的事实上的亲人，但是孩子们在这些家庭中能享受到家庭氛围和寄养父母的关怀，还能学到正常的社会技能。寄养家庭中的父亲和母亲均由国家机关颁发工资，并且给予专门用于儿童的补贴。在俄罗斯建

①③ 俄罗斯联邦劳动与社会保障部官方网站。

② Герасимов В. Н. Новые гуманитарно-правовые технологии решения проблемы воспитания детей в неблагополучных семьях//Семейное и жилищное право. 2011. N 5.

立收养和寄养家庭要经过一些严格的筛选程序。

儿童保护需要长期计划与制度设计，在立法、财政和行政措施上相互结合，根据形势的发展与变化不断调整与完善。比如俄罗斯在 2007—2010 年实施了“俄罗斯儿童”国家专项计划中增加和成立未成年犯人临时收容所，国家财政拨出 101 亿卢布，在此之前国家没有这笔专项。针对近年来离婚率上升和本国人口问题等，普京总统强调必须要说一说爱，说一说妇女和儿童，国家支持家庭制度并提高母亲威望，保护男性健康。为此，从 2007 年起，俄罗斯政府出台了著名的母亲家庭资本政策，2016 年更是启动对儿童早期干预计划，并提出加强家庭理念。

俄罗斯儿童法律保护在调整家庭、社会与国家在儿童福利供给过程中的关系与角色定位方面值得学习。俄罗斯针对儿童的补助金名目繁多，包括家庭社会救助、多子女家庭补助、儿童月津贴、照顾三岁以下残障儿童而不能外出工作的父母补贴等。[①] 设立母亲家庭资本以预防社会孤儿出现及发展家庭教育。为促进儿童全面发展，俄罗斯还不断出台各种针对儿童的联邦专项计划。

第五节　母亲家庭资本

2006 年 12 月 29 日俄罗斯联邦总统普京签署了第 256 号联邦法律《关于国家援助有子女家庭的补充措施》，2007 年 1 月 1 日生效。2006 年 12 月 30 日俄罗斯联邦政府第 873 号令《关于发放国家母亲（家庭）资本券的条例》根据上述联邦法律第 5 条确定了申请国家母亲（家庭）资本券的原则。2007 年 10 月 9 日俄罗斯联邦总统签署了第 1351 号令《关于确定俄罗斯联邦 2025 年人口政策的构想》。

“母亲资本”是俄罗斯于 2007 年开始实施的一个促进生育的项目，这个

① Корсаненкова Ю. Б. Проблемы совершенствования законодательства о ежемесячных пособиях на ребенка//Трудовое право. 2008. N 3.

项目对于生育第二个以及更多孩子的家庭提供补贴。按照此前计划，“母亲资本”将实施至 2016 年年底，“母亲资本”项目实施后，俄罗斯出生率提高了 30％。[①]

俄罗斯联邦人口政策旨在“延长居民寿命，降低死亡率，提高出生率，调整内外移民，保持和加强居民的健康，并在此基础上改善国家的人口状况”。俄罗斯人口政策稳定人口的前提是显而易见的。

2007 年 1 月 1 日，俄罗斯居民有 1.422 亿人（根据俄罗斯统计署资料），2008 年 1 月 1 日，还是根据统计署的资料，为 1.42 亿人，2013 年为 1.4 亿人。从 1991 年俄罗斯人口增长就停止了。从 1992 年开始居民人数稳定减少，在 1990 年至 2012 年期间，俄罗斯人口的死亡率一直高于出生率。俄罗斯在 2013 年过去的 11 个月间，人口的自然增长人数为 22 700 人。这是自 1990 年以来俄罗斯人口的第一次自然增长。

一、母亲（家庭）资本资金的运用

根据 2006 年 12 月 29 日第 256—ФЗ 号联邦法律《关于国家援助有子女家庭的补充措施》，子女出生或者领养日起满 3 年并有权获得母亲（家庭）资本或者已经领取母亲（家庭）资本券者，可以支配母亲（家庭）资本的资金或部分资金。

关于支配用于某种用途资金的申请，由取得国家母亲（家庭）资本券的个人或通过（合法委托人）向居住地（实际居住地）的俄罗斯养老基金会地方机构办理。

母亲（家庭）资本的资金全部或部分地可以用于：改善住房条件；子女接受教育；从 2007 年 1 月 1 日开始，形成某些特定妇女劳动退休金的储蓄部分，她们生育（领养）第二、第三或更多子女，且从未享受过国家援助补充措施。

① Герасимов В. Н. Проблемы современных многодетных семей в России：сравнительный анализ с законодательством стран ЕС.

法律在用母亲资本的资金购买（建造）住房方面并没有什么限制，可以是多住宅的房屋，也可以是独家住房。实质性的要求是用母亲资本资金购买或建造的房屋，必须是用于居住而且必须是在俄罗斯联邦境内。①

2008年12月25日通过了第288—ФЗ号联邦法律《关于修改〈关于国家援助有子女家庭的补充措施〉》，促使提前到2009年1月1日开始受理使用母亲资本资金偿还主要债务和支付贷款和借款的利息，其中包括用于购买（建造）住房的抵押贷款利息。办理贷款（借款）包括抵押贷款的人中，大部分是年轻家庭，他们中间有生活困难的人，也有因经济危机产生偿还贷款的人。使用母亲资本资金偿还主要债务和支付贷款（借款）利息，无疑能够大大减轻年轻家庭偿还贷款的压力。

二、母亲（家庭）资本的资金用于儿童教育

母亲资本的资金（部分资金）用于儿童接受教育和与儿童教育相关的其他开支的规则，是由俄罗斯联邦政府2007年12月24日第826号令《关于确定母亲（家庭）资本资金（部分资金）用于儿童接受教育和实现与儿童教育其他相关支出的规定》做出的。

俄罗斯联邦宪法保障俄罗斯公民“进入国家或市政教育机构享受免费的学前教育、基础和普通教育、中等职业教育等”，同时也允许国家、市政教育机构提供有偿的补充教育服务和非国有教育机构的有偿教育。母亲资本的资金主要运用于有偿教育中。

1. 提交申请

支配母亲资本用于儿童在教育机构里接受教育，母亲资本券的获得者向俄罗斯联邦养老资金会地区机构，离开俄罗斯到境外常住地定居的俄罗斯联邦公民和在俄罗斯联邦境内没有明确注册居住地（逗留地）的俄罗斯公民向设在莫斯科的俄罗斯联邦养老基金会提交支配申请。

---

① Лушникова М. В., Лушников А. М. Курс права социального обеспечения（2-е изд., доп.）. - “Юстицинформ”, 2009 г.

2. 可用范围

母亲资本的资金（或部分资金）可以提供给第一、第二、第三及以后的子女包括收养的孩子用以接受教育。由俄罗斯联邦养老基金会地方机构根据签订的有偿教育服务合同通过非现金转账方式将资金划拨到教育机构账户。

母亲资本的资金可以用在接受面授教育，也可用在接受函授教育；可以是全日制教学形式，也可以是夜校教学形式。至于接受教育的是第一还是第二个孩子，这对做出划拨资金没有影响。资金也可以用于支付教育机构提供给外地学生在学校期间的宿舍房租。[①]

持有家庭资本国家证书的家庭不仅可以将资金用于教育支出，还可以用于支付儿童在教育机构中的生活费。

此外，必须遵守的条件是，可以使用母亲（家庭）资本的资金（部分资金）接受教育的儿童的年龄在教育开始时不应超过 25 岁。

三、近年来母亲（家庭）资本的使用情况

据俄罗斯养老基金的数据，用家庭资本偿还住房贷款和公债是 2011 年俄罗斯家庭资本使用的最流行方向。按照家庭资本国家证书持有人的申请，俄罗斯养老基金为此发放了 1 100 多亿卢布。就整体而言，自家庭资本援助计划在俄罗斯全境推行以来，有 67.8 万户俄罗斯家庭部分或全部偿清了住房贷款，其总额超过 2 180 亿卢布。

与此同时，自 2010 年开始，俄罗斯养老基金已经收到了近 25.7 万份家庭申请，这些家庭确定了家庭资本支出的基本方向。其中，23.6 万份申请用于改善住房条件，总额超过 730 亿卢布，这其中 2011 年的申请为 18.8 万份，总额为 580 亿卢布；2 万份申请用于子女教育，总额为 10 亿卢布，这其中 2011 年的申请为 1.43 万份，总额为 7.51 亿卢布；另有 76.2 万份申请是用于将资金转移到母亲未来养老金的累积部分，总额为 1.4 亿卢布，这其中 2011

① Л. Федорова К вопросу о действенности социальной политики//Экономист. 2013. No 4.

年的申请为43.8万份，总额为8 600万卢布。

到2012年已经有340万户俄罗斯家庭领取了家庭资本证书，养老基金预算中为支付家庭资本储存了1 627亿卢布。家庭资本的使用极大地缓解了有子女家庭的经济条件。

2015年母亲家庭资本为453 000卢布，这是一个基本金额，对于那些已申请通过还没有使用，再次申请通过并会获得它的，从2015年1月1日起增加20 000卢布。一些社会福利首先是某些类型的社会附加费的优惠①。

2014年8月25日通过的俄罗斯联邦第1618号政府法令。该法令定义了直到2025年家庭社会制度发展的重点方向，奠定了提高家庭生活质量的基础，优先将政策转向支持困难家庭，确保家庭幸福和维护家庭的社会稳定。这一政策将分两个阶段实施：2015—2018年和2019—2025年。第一阶段（2015—2018年）将按照联邦计划实施执行理念，并提供了规范性法律支持的机制，俄罗斯地区将进一步完善旨在改善家庭状况的方案；在第二阶段（2019—2025年）将继续执行措施，以稳定家庭幸福。执行理念的结果应在2025年之前完成，让家庭成员从各种风险中感到有信心，并形成保护的制度。②

2015年1月1日起，增加对各种有孩子家庭的津贴，包括孩子的出生一次性津贴和为照顾孩子到一岁半的每月津贴。根据联邦预算将增加5.5%。2015年1月1日出生时一次性津贴增长到14 500卢布。照顾儿童至一岁半的月津贴，不属于强制性社会保险支付的将达到2 700卢布照顾第一个孩子，5 400卢布照顾第二个及之后的孩子。2015年还增加了社会保险框架内的生育津贴。最大金额的津贴和产假，是按照平均收入的100%的比率增长支付给劳动妇女，2015年是每一个完整的日历月49 700卢布。这笔津贴支付给生产前70天和生产后70天的劳动妇女。按照被保险人平均收入40%的金额支付照

①② 俄罗斯联邦劳动与社会保障部官方网站。

顾孩子到一岁半的每月津贴，最大额将增加至 19 900 卢布。此外，增加母亲家庭资本的数额，从 2015 年 1 月 1 日起将达到 453 026 卢布，比 2014 年增加了 23 600 卢布。使用母亲家庭资本的政策保持不变：改善家庭儿童在教育机构接受教育和生活，增加妈妈的退休金。[①]

① 俄罗斯联邦劳动与社会保障部官方网站。

第六章

社会援助体系

在苏联和俄罗斯联邦时期，不同领域的许多公民享有社会保障体系优惠。2004 年 8 月 22 日第 122 号联邦法解释许多法律行为规范以名词“社会支持措施”取代“福利”与“社会保障措施”。①

这部法律分清了俄罗斯联邦和其主体间给居民提供社会支持的财政义务。俄罗斯联邦的职责范围是为卫国战争参加者及残疾者、原未成年法西斯囚犯、老战士等提供社会支持。给予公民选择权。他们可以保留原有的免费交通、免费药品、医疗检查、疗养治疗等福利，或者代之以现金支付。

老职工、政治镇压的受害者、后方工作人员、军队老战士及其他领域居民的社会支持的财政措施给予俄罗斯联邦主体水平。

2004 年 8 月 22 日第 122 号联邦法规定，由原始形式的福利代之以现金补贴，俄罗斯联邦主体和市政机构应遵守以下原则：

1. 保证维持或者尽可能提高居民已经达到的社会保障水平，维护其法律、财产地位或其他情形；

2. 保持法律调整稳定性，以保障公民对法律和国家的信任；

3. 通过建立临时社会关系调整，提供给居民尽可能简化的程序以适应转型期变化；

① Мачульская Е. Е.，Добромыслов К. В. Право социального обеспечения. Учебное пособие. - М.：Книжный мир，2009. -416 с.

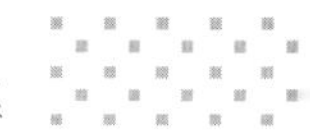

4. 实现公民社会权利和自由的同时不允许扰乱第三者权利和自由。

社会支持可归结为在基本形式社会保障（养老金、津贴等）的基础上提供的补充性现金支付或物质福利。

社会支持措施的现代体系扩大到公民的单独领域，包括以下形式[①]：

1. 每月现金支付；

2. 其他的现金支付；

3. 全部或部分解除市政公用、生活或者其他设备支付；

4. 一系列社会服务。

特别需要指出的是，国家社会救助与社会支持措施的区别在于，社会支持措施对享有此权利的公民提供社会支持时不进行财产核查。

第一节　每月现金支付

对保卫祖国有功劳的人，无可争议的当属军人、某些国家公务员和长期认真负责的劳动者，法律规定的老职工包括以下人员：参加过卫国战争的老战士，参加苏联、俄罗斯联邦及其他国家领土作战的老战士，部队老战士，老国家公务员，老职工。

《老战士权利法》第 23 条第 1 款规定的每月现金支付包括以下“联邦优待者”范畴：①战争中的残疾者；②卫国战争参加者；③参加作战老战士；④1941 年 7 月 22 日至 1945 年 9 月 3 日期间进入部队在战场、机关、军校服役，没有进入作战部队的军人，不少于 6 个月，在规定期限内服役获得勋章或奖章的军人；⑤获得列宁格勒保卫战勋章者；⑥在卫国战争期间从事对空防御工程、国防工程建设、军用海事基地、飞机场及其他为前线作战的后勤军事工程、作战区舰队、靠近前线的铁路和公路的，甚至在卫国战争初期俄罗斯被其他国家港口扣押的舰队乘务员；⑦军人残疾人、参加卫国战争或参

① Вопросы социального обеспечения//Новая мера поддержки. No. 21 15 ноября 2013 год.

加作战者的家庭成员，在卫国战争自我防御工程全体成员中牺牲人员的家庭成员，牺牲的地方对空防御工程抢险指挥人员的家庭成员，甚至是牺牲的列宁格勒军医院和医院工作人员的家庭成员。

如果公民同时拥有多种可获得每月现金支付的情形，参照不同联邦法律，按照最高标准只能获得一种。①

居住在俄罗斯联邦境内的第二次世界大战期间在法西斯及其同盟建立的集中营、犹太人聚居区及其他强制性区域的未成年囚犯，因病、重伤或其他原因致残的，按照卫国战争残疾人规定的社会支持或福利措施提供每月现金支付。其他的原法西斯未成年囚犯有权利获得每月现金支付，按照参加卫国战争军人社会支持或福利措施获得。

每月现金支付的标准为：①战争残疾人每人 3 088 卢布；②卫国战争参加者每人 2 316 卢布；③参加作战老战士，获得列宁格勒保卫战勋章者每人 1 699 卢布；④1941 年 7 月 22 日至 1945 年 9 月 3 日期间进入部队在战场、机关、军校服役，没有进入作战部队的军人，不少于 6 个月，在规定期限内服役获得勋章或奖章的军人及《老战士法》规定的其他老战士每人 927 卢布。

不仅《老战士权利法》规定每月现金支付权，残疾人社会保护法中也有规定。残疾人社会保护法第 28 条第 1 款规定每月现金支付的标准为：①一级残疾为 2 162 卢布；②二级残疾，儿童残疾为 1 544 卢布；③三级残疾为 1 236 卢布。如果残疾人按照一些联邦法律享有多种现金支付权，他只能选择获得一种。

每月现金支付由俄罗斯联邦养老基金地方机构执行，根据联邦财政法每一个财政年度内于 4 月 1 日指数化一次。

第二节　俄罗斯联邦主体水平的社会支持

根据 2004 年 11 月 3 日莫斯科第 70 号法律《关于莫斯科市居民个别领域

---

① Основные институты социальной защиты населения в Российской Федерации（конституционно-правовое исследование）. Монография/Лепихов М. И. -М.：Изд-во РАГС，2005.

社会支持措施》规定，社会支持措施的基本原则建立在联邦水平基础上。除此以外，公民的居住地是获得社会支持的必要原则。公民个别领域社会支持措施包括：①每月城市现金支付；②提供免费或有优惠条件的社会服务。

退休者中拥有社会支持权利的公民范围如下：①后方工作人员，自1941年7月22日至1945年5月9日在后方工作不少于6个月，除去在暂时被占领的俄罗斯领土工作期间，或者因在卫国战争期间忘我工作而获得苏联勋章或者奖章的；②截止到2004年12月31日，获得勋章或者奖章，或者被授予苏联或者俄罗斯联邦荣誉称号，或者获得部门劳动奖章并拥有工龄，必须因年老或者超出服务期限而退休；③在卫国战争期间从未成年开始从事劳动活动，男性拥有40年工龄，女性拥有35年工龄者；④老军人；⑤被授予“老劳动者”称号的；⑥恢复名誉者，包括：受到镇压而限制自由、流放、驱逐出境、放逐性移居、限制自由的劳动及另外限制权利和自由的；⑦儿童随因政治运动的父母一起被镇压，限制自由、流放、驱逐出境、放逐性移居的，或者失去父母照料的未成年人；⑧被公认遭受到政治镇压的公民，在限制自由地被枪决或者死亡，死后恢复名誉的，其孩子、夫妻（未再婚的）、父母。拥有城市每月现金支付权的公民，只能按照最高标准获得一项。[①]

莫斯科城市每月现金支付的标准为：①遭受政治镇压恢复名誉者为350卢布；②后方工作人员为300卢布；③老职工为200卢布。城市每月现金支付根据莫斯科市财政年度指数化调整。

有权获得城市社会支持者可获得以下社会服务或者现金支付：①免费城市交通（除出租车和城市小巴）；②根据医生处方可获得的福利药品（免费或者打折）；③福利性郊区交通（免费或者打折）。

社会支持的城市标准由莫斯科法律根据莫斯科市财政情况确定，拥有社会支持的公民获得自然形式或者现金支付的数额，每年都会确定标准。社会

---

① Состояние и перспективы развития системы социальной защиты в России/Золотарева А. [и др.]. -М.: Ин-т Гайдара, 2011.

保障部门负责城市所有地区社会支持措施的执行，为常住莫斯科并拥有社会支持权利者服务。获取者目录和登记册是莫斯科市信息资源，并成为官方城市信息来源。

2004年11月3日莫斯科市第70号法律规定，补充性社会支持措施的获得者，由联邦财政支付的国家社会支持者包括以下人员：①苏联或俄罗斯联邦英雄，社会主义劳动英雄和光荣勋章获得者或三级劳动荣誉勋章获得者；②卫国战争中残疾者，参与作战残疾者；③卫国战争参加者；④在卫国战争期间从事对空防御工程、国防工程建设、军用海事基地、飞机场及其他为前线作战服务的后勤军事工程、作战区舰队、靠近前线的铁路和公路的工作人员；⑤获得列宁格勒保卫战勋章者；⑥参与作战的其他领域优抚者。

补充性社会支持《联邦优抚》可获得：①免费的莫斯科市内交通（除出租车和城市小巴之外）；②免费的郊区交通；③莫斯科政府给予的50%优惠住房公共服务；④每月莫斯科市内电话费补贴190卢布；⑤免费配置和安装假牙。

第三节　对国家有特殊贡献者及其家庭的社会支持

俄罗斯联邦颁发给对国家有特殊贡献的公民国家勋章和荣誉称号（苏联和俄罗斯英雄、光荣勋章、社会主义劳动英雄、劳动光荣勋章等），并对其家庭予以社会支持。

英雄或者光荣勋章获得者由俄罗斯联邦养老基金给予每月现金支付标准36 410卢布。屡次荣获荣誉称号的俄罗斯联邦公民拥有一次获得每月现金支付的权利。每月现金支付每年4月1日根据物价通货膨胀水平进行指数化调整。为保障对国家有特殊贡献者及其家庭的经济和社会幸福感，1993年1月15日第4301—1号联邦法律《关于苏联英雄、俄罗斯联邦英雄和光荣勋章的地位》确定补充性社会支持措施（福利或者每月现金支付）。

苏联和俄罗斯联邦英雄、光荣勋章获得者可以获得养老保障、所得税优

惠，甚至以下社会支持措施：①免费医疗预防服务权利；②保障药物，提供家庭医生和供应药物；③在国家或市级卫生机构、医疗预防机构免费配置和安装假牙；④每年免费疗养一次，免费往返治疗地，铁路是两个铺位包厢卧铺，空中或水上交通提供一等舱；⑤免除支付住房或住房公共服务费用；⑥为改善住房条件，国家或市政住房基金提供补充性20平方米以内住房面积；⑦免费提供土地建设私有住房或别墅；⑧免费使用城市交通（公共汽车、有轨电车、无轨电车、地铁、轮船），城市间交通；⑨免费提供墓地，由联邦财政支付；⑩由俄罗斯联邦政府为死亡（或牺牲）的英雄或光荣勋章者建造墓碑，费用由联邦财政支付。

苏联英雄、俄罗斯联邦英雄或者光荣勋章获得者死亡情况下，其家庭成员有权向俄罗斯联邦养老基金地方机关提出申请放弃社会支持优惠，选择每月现金支付。家庭成员包括寡妇（或鳏夫），父母，未成年孩子，或在教育机构接受全日制教育的未超过23岁的孩子。

每位成员的每月现金支付标准，根据苏联英雄、俄罗斯联邦英雄或者光荣勋章者获得的每月现金支付数额平均分配。每月现金支付由俄罗斯联邦养老基金地方机关确定和发放，每年1月1日起发放，次年要再次申请。

英雄或光荣勋章获得者的孩子有权进入军队小学，通过考试或其他需要后，有权进入中等或高等军事院校学习。死亡（或牺牲）的英雄或光荣勋章获得者的孩子有权进入国家或市政教育机构接受免费中等或者高等职业教育。①

家庭成员的社会支持措施和每月现金支付的资金来源由联邦财政支付。俄罗斯联邦主体由地区财政支付，提供给苏联英雄、俄罗斯联邦英雄或者光荣勋章获得者及其家庭成员补充性权利和福利。

对俄罗斯做出卓越成就或者特殊贡献，居住在俄罗斯联邦，领取养老金

---

① Сидорова Т. Кому и зачем нужны наши дети//Правда. 2012. 26 апр.

或者每月终身赡养费的俄罗斯公民，有权获得补充性每月物质保障。享有此权利的公民包括：

1. 苏联及俄罗斯联邦英雄；

2. 获得列宁勋章，为祖国做出贡献者；

3. 获得光荣勋章、劳动勋章、在苏联武装部队服役奖章；

4. 社会主义劳动英雄；

5. 苏联列宁奖金和国家奖金、俄罗斯联邦国家奖金获奖者；

6. 三等勋章获得者；

7. 奥运会冠军。

补偿性物质保障按照社会养老金的标准按比率提供。国家养老保障法第18条第1款第1项规定：

1. 苏联及俄罗斯联邦英雄，社会主义劳动英雄，光荣勋章获得者，为祖国做出贡献者，一等勋章获得者，按415%社会养老金提供；

2. 列宁勋章获得者，为祖国做出贡献者，二、三、四等勋章获得者，苏联列宁奖金和国家奖金获得者，俄罗斯联邦国家奖金获奖者，按330%社会养老金提供；

3. 劳动奖章获得者，在苏联武装部队服役获得奖章、奥运会冠军，按250%社会养老金提供。

补偿性物质保障随社会养老金的增长而增长。

第四节　照料残疾人和老年人的社会支持

未工作的有劳动能力者，履行照料一级残疾人、18岁以下的儿童残疾人，需要与医院签订长期护理或者达到80周岁的老年人的，拥有获得每月补贴支付的权利。

自2013年1月1日起，未工作的有劳动能力者因履行照料18周岁以下儿童残疾人或者一等残疾者，每月补贴额如下：

1. 父母（收养义子义女者）或者监护人（保护人），5 500 卢布；

2. 其他人，1 200 卢布。

如是其他人照料的每月补贴支付 1 200 卢布。①

补贴支付不取决于血缘关系和是否与无劳动能力者共同居住，根据 2007 年 7 月 4 日俄罗斯联邦政府第 343 号令确定规则。获得补贴支付者必须提供：①确定开始照料及本人居住地申请。②无劳动能力者同意其成为照料人的申请。为无劳动能力者执行支付养老金机构的签字原件。如果照料儿童残疾人或者限制行为能力人的，由其法定代理人出具申请。儿童残疾人达到 14 周岁的，有权利自己提出申请。如果是父母照料残疾儿童的，无须出具申请。③居民居住地或常住地养老金支付机关出具的证明，履行照料者的养老金暂不发放。④居住地就业部门开具的履行照料者未领取失业补助证明。⑤联邦国家医疗机构出具的残疾证明。⑥医疗机构认定儿童残疾人未满 18 周岁证明。⑦医疗机构出具的老年人需要长期照料证明。如果以上文件在无劳动能力者养老金机构中都具备的，则无须提供。

自收到所有必需文件申请后 10 日内，由养老金支付机关确定补贴支付。自收到所有必需文件申请后一月内开始支付补贴。

停止支付补贴有以下情形：①无劳动能力者死亡或者履行照料者死亡或失踪的；②停止履行照料的；③履行照料者领取养老金或失业补贴的；④履行照料者，开始有报酬工作的；⑤一等残疾或者儿童残疾到期的；⑥儿童残疾者达到 18 周岁，且没有获具一等残疾者；⑦无劳动能力者在国家或者市政常设机构享有社会服务的；贫困的父母照料儿童残疾人，是履行其父母义务。

① 2013 年 2 月 26 日俄罗斯联邦第 175 号总统令《关于照料儿童残疾人或一等残疾人者每月支付》。

第七章

社 会 救 助

第一节　国家社会救助概述

贫困问题是21世纪人类面对的严峻的经济社会问题之一，不仅会影响国家的市场经济水平，同时会影响国家的发展。俄罗斯联邦《宪法》第七条规定："俄罗斯联邦是社会国家，其政策目的在于创造保证人的体面生活与自由发展的条件。在俄罗斯联邦，人的劳动与健康受到保护，规定有保障的最低限度的劳动报酬，保证国家对家庭、母亲、父亲、儿童、残废人和老年公民的支持，发展社会服务系统，规定国家退休金、补助金和社会保护的其他保障措施。"同时，1991年俄罗斯联邦公民自由者宣言中规定：公民的退休金、津贴和工资要满足其最低生活需要。国际劳工组织第131号公约《确定最低工资并特别考虑发展中国家公约》确定最低劳动收入标准不能低于最低生活水平。但俄罗斯没有批准该公约。

俄罗斯国家社会救助法包括俄罗斯联邦相关法律、规范性法律文件及俄罗斯联邦主体的规范性法律文件。俄罗斯《社会救助法》第四条明确了社会救助领域俄罗斯联邦法律及规范性法律文件是规范和解决社会救助问题的基础。俄罗斯联邦主体有权实行本身的法律调整国家社会救助确定范围、支付国家社会救助的条件和程序、确定享有国家社会救助权利的人群范围。

众多俄罗斯学者认为，国家社会救助最重要的特征之一是"需要"，即提

供给予需要的人。该特征由三个要素组成：①具备俄罗斯联邦主体规定的最低生活标准的条件；②核算统计相关人的所有收入和财产；③核算不一定由相关人决定的必要原因。第二个要素是国家社会救助的资金来源，这种形式的社会保障来源于联邦财政和俄罗斯联邦主体财政。获得社会救助的主体主要是拥有较少财产的家庭和较少财产的单身公民。享受社会救助权不受社会地位、特殊职务、性别、年龄、有无工作或子女、健康状况等条件限制。①

国家社会救助有现金救助和实物救助两种形式。国家社会救助拥有国家法律特征，这种形式的保障是国家机关根据法律、财政和相关文件给予相关人社会救助。因此，国家社会救助是社会保障的一种形式，是国家通过联邦财政和联邦主体财政给予贫穷家庭或单身居民必要的现金或实物救助，以满足其基本需求和最低生活标准。

确定社会救助的标准与工资收入和最低生活标准的差距有关。国家为接受社会救助者确立目标。借用布亚诺夫的观点：每种形式保障，根据不同范围社会地位的公民确定不同目标，社会救助确立两种目标：满足居民基本需求或提高收入到最低生活标准②。

葛拉葛诺娃认为，调整居民的生活水平应成为国家的基本政策方向。极度的不平等会引发社会的不稳定，甚至动乱，限制生产力。因此，国家社会救助应以支持贫穷群体家庭或单身居民（因贫穷不能保证自身或家庭的基本需求）为基本目的③。

俄罗斯《社会救助法》第三条规定了以下目标：①支持平均工资低于俄罗斯联邦主体规定的最低生活标准的贫困家庭和单身居民；②由居住地财政支付；③加强支持有需要的居民；④为所有可达到的、社会可以接受的有质

---

① Замараева З. П. Социальная защита. Учебное пособие. -Пермь，2009. -244с.

② Состояние и перспективы развития системы социальной защиты в России/Золотарева А. ［и др.］. -М.：Ин-т Гайдара，2011.

③ Социальная помощь：На пути к адресности：Сборник статей/Под ред. М. И. Либоракиной. -М.：Фонд “Институт экономики города”，2001.

量社会服务提供必要条件；⑤降低社会不平等程度；⑥提高居民收入。《社会救助法》第一条规定了国家社会救助的内容，即通过社会津贴、社会补发养老金、补助金、社会服务及生活必需品等救助低收入群体。《社会救助法》第六条第一款可以接受一系列社会服务的人群范围：①战争致残人员；②卫国战争参加者；③符合第三条第 1 至 4 款的参加战斗的老兵；④在苏联时期虽没有参加 1941 年 6 月 22 日至 1945 年 9 月 3 日的二战，但在作战部队、机关、军事科研机构服役不低于 6 个月，被提请授予勋章或纪念章的部队服役士兵；⑤“列宁格勒保卫战”纪念章获得者；⑥在卫国战争期间修筑各种防御设施、机场、铁路、公路的工人及被其他国家扣留人员；⑦牺牲（或死亡）的以上人员的家人；⑧残疾人；⑨残疾儿童。

第二节　市场菜篮子法和最低生活费

如何确定国家社会救助的标准与获救助者的收入有关，或者说与如何确定贫困的门槛有关。这预示着法律要把居民分为低收入者、无收入者或贫困者。在俄罗斯确定贫困等级的基本方法是最低生活费法。《最低生活费法》第 2 条规定俄罗斯联邦通过制定和实施最低生活费的社会政策或联邦社会项目为任务评价居民的生活水平，俄罗斯联邦主体通过制定和实施最低生活费地区性社会项目为任务评价联邦主体居民的生活水平。《最低生活费法》第 1 条规定了市场菜篮子法。2013 年 1 月 28 日俄罗斯联邦政府第 54 号令规定按照社会人口居民类型为基础确定最低生活费。2010 年 12 月 16 日俄罗斯联邦政府第 1020 号决议《关于 2010 年第三季度俄罗斯联邦根据社会人口居民组制定人均最低生活费数量》，2010 年第三季度俄罗斯联邦人均最低生活费为 5 707 卢布，其中劳动居民为 6 159 卢布，退休者为 4 532 卢布，儿童为 5 510 卢布。[①]《最低生活费法》第 4 条第 1 款确定最低生活费数量的制定规则：每季

① Состояние и перспективы развития системы социальной защиты в России/Золотарева А. ［и др.］. -М.：Ин-т Гайдара，2011.

度以市场菜篮子为基础，由联邦机构统计食品、非食品性商品和服务、必需的支付费用等的需求价格水平。第4条第2款规定俄罗斯联邦主体出台确定最低生活费的规范。各联邦主体根据各自自然气候条件、民族习惯、地方性需求特点等，依据市场菜篮子法和社会人口居民类型确定最低生活费。

2009年7月24日第213号联邦法《关于对“俄罗斯联邦养老基金、俄罗斯社会保险基金、联邦和地区强制医疗保险基金社会保险费率”联邦法律进行修改》中，对最低生活费有了新的理解：根据退休者的最低生活费用以确定退休金中社会补助金的多少。2012年12月3日第216号联邦法《关于2013年联邦预算及2014—2015年规划》确定，俄罗斯联邦退休人员最低生活费数额用以确定联邦退休金的社会补助金数额，适用《最低生活费法》第4条的规定，2013年标准为6 131卢布，2014年为6 462卢布，2015年为6 779卢布。[①]

市场菜篮子不仅包括食品和第一必需品，还包括衣服、日用品、鞋子、学校用具和其他类型商品。同时，市场菜篮子不包括家具和其他耐用品的支出。[②]

第三节　国家社会救助的条件、形式和种类

根据俄罗斯联邦《宪法》第62条第3款的规定，俄罗斯联邦居民及居住在俄罗斯境内的难民、移民、外国人及无国籍人符合条件的都可以享受国家社会救助。

根据《社会救助法》第8条，确定国家社会救助的基本规则，由居民居住地或低收入家庭和单身者暂住地的社会保障部门确定。《社会救助法》第7条规定可以获得国家社会救助的是低收入家庭或单身者。根据《最低生活费

① 俄罗斯联邦劳动与社会保障部官方网站。

② Социальная помощь: На пути к адресности: Сборник статей/Под ред. М. И. Либоракиной. - М.: Фонд “Институт экономики города”, 2001.

法》第1条规定，家庭成员是指有血缘关系或者共同居住并拥有共同财产的公民。同时这里忽略了夫妻，他们既没有血缘关系，也不是亲戚，而是因婚姻关系组成。《工资法》第13条规定：低收入家庭的平均收入计算与此相关的亲戚或共同居住者，包括共同居住或拥有共同财产的夫妻、其孩子及父母、收养的义子女、义子女、兄弟姐妹、继子女。国家社会救助中的“必须”包括三个要素：最低生活费、由于不取决于受助者自身的原因、收入。①

工资法中计算平均工资的方法，被用来确定国家社会救助的低收入群体，2003年8月20日俄罗斯联邦政府第512号令确定了计算家庭和单身者平均收入的类型，以确认是否给予国家社会救助。计算家庭收入时扣除俄罗斯联邦法律规定的税收和强制性保险税（即统一社会税）。

在俄罗斯，不论在联邦层面还是联邦主体层面，都通过确定其收入或家庭财产的方式认定是否给予国家社会救助。

联邦法律中关于公民被认定为低收入者并得到国家社会救助权利中的“由于不取决于受助者自身原因”包括：

1. 多子女（家庭拥有三个或者三个以上未成年子女，或者子女在中等职业学校或大学接受面授教育的）；

2. 有无劳动能力成员家庭中无其他有劳动能力成员的（例外情况，当有劳动能力成员失业或者在中等职业学校或大学接受面授教育或者因照顾孩子到三岁而没有工作，残疾儿童或者一级残疾者）。

俄罗斯国家社会救助的形式（或类型）有津贴、养老金社会补助、补助金、社会服务和生活必需品。《社会救助法》第12条确定了国家社会救助的类型，包括：①现金支付（社会津贴、补助金或其他支出）；②实物救助（燃料、食品、衣服、鞋、药品及其他形式的实物救助）。大多数俄罗斯联邦主体给予的实物救助品是燃料、食品、衣服、鞋、药品、交通卡或其他实物。正

① Право социального обеспечения：учебник для академического бакалавриата/Г. В. Сулейманова. -3-е изд.，перераб. и доп. -М.：Издательство Юрайт，2015.

如格拉戈诺夫指出的，对低收入人群来讲重要的不仅是现金，还有实物救助。[①]

第四节 提供国家社会救助的程序

俄罗斯联邦各主体更加关注通过确定国家社会救助的金额和可以享受救助权的人员，给予救助和支付的条件及程序，以此来更好地执行和落实联邦法律。

戈瓦卢黑娜从《社会救助法》第 7～10 条、《工资法》第 1～15 条的内容出发，同时参考一系列联邦主体的规范性法律文件，把享有国家社会救助划分为以下几个阶段[②]：第一，请求提供社会救助；第二，书写申请，提交文件；第三，通报对申请和文件的评价；第四，选择适用法律；第五，做出决定并形成文件；第六，通知获得社会救助人员或拒绝申请的理由。确定几个阶段是国家社会救助的程序的需要。提供国家社会救助的程序可以划分为以下几个阶段：给予（确定法律关系主体间的权利和义务）、精简、暂时停止、终止和恢复。[③]

根据《社会救助法》第 8 条，由低收入家庭或者单身者居住地社会保障部门批准其提交的以家庭名义或个人名义的书面申请。申请中要明确告知家庭组成人员、收入和家庭（或个人）的拥有财产。

与确定的情形相关，文件可以分成若干部分，包括以下内容：①关于家庭或单身者居住或者暂住地址；②关于家庭成员或单身者的收入；③关于婚姻关系，亲戚或者同居家庭成员的关系密切程度和共同财产；④家庭和单身者的法定财产。

---

① Галаганов В. П. Проблемы обязательного социального страхования （правовой аспект）: монография. -М.: ИД АТИСО, 2009.

② Замараева З. П. Социальная защита. Учебное пособие. -Пермь, 2009.

③ Право социального обеспечения: учебник и практикум для прикрадного бакалавриата/под ред. В. Ш. Шайхатдинова. -3-е изд., перераб. и доп. -М.: Издательство Юрайт, 2015.

家庭的平均收入是否确定为低收入并给予国家社会救助问题，应考虑以家庭成员所有收入的三分之一除以被解雇期家庭成员数额。单身者被辞退期间收入的确定是其收入的三分之一。

居民所在地社会保障机关自收到申请人申请之日起10日内以书面形式通知申请人得到救助或拒绝其申请。在此期间必须实行对申请人提供的收入材料的补充检查（委员会检查），由居民所在地社会保障机构做出初步检查通知书。

根据居民所在地社会保障机关（地区、城市或者其分支机构的主管）做出给予国家社会救助或者拒绝救助申请及补充检查结果的决定，签署给予国家社会救助通知书。下达通知书后，根据文件办理支付社会津贴或给予实物救助。

根据《社会救助法》第9条规定，当申请人提供了家庭成分、收入和财产的不完整或不可靠信息时，拒绝提供社会救助。

一旦确定给予申请人国家社会救助，对接受救助者确定义务。根据《社会救助法》第10条第1款，社会保障机关规定救助人义务，启动社会救助后，如出现确定给予救助时的家庭成分、收入及拥有财产等有变化时，如继续给予救助，接受救助人应在出现变化之日起两周内申报。

终止支付国家社会救助有两种情况：约定期满和违反获得救助者自身义务。如申请者出现社会保障机关规章中规定的对家庭成员、收入和拥有财产的不实申报，或者申请者没有完全提供变化信息的，俄罗斯联邦主体社会保障机构有权剥夺其继续获得国家社会救助的权利。除此以外，获得国家社会救助的法律关系因获得者的死亡而自然终止。

第五节　养老金社会补助金（补发款项）

根据《社会救助法》规定，国家社会救助包括：一系列社会服务（第2部分），由俄罗斯联邦主体承担国家社会救助的财政费用（第2部分）及养老

金的社会补发（第 12 条第 1 款）。

必须指出的是，养老金社会补助金作为一种国家社会救助形式，在《社会救助法》第 12 条第 1 款中规定：自每月 1 号开始发放，以后每月必须按照申请书提交相关文件（例外情况，请参照本条第 7 款），提交文件时间不得晚于指定的社会救助金生效的日期。这种社会救助形式在不同的俄罗斯联邦主体间有很大的差异。

社会补助金是建立在需要基础上，补偿退休者退休金与最低生活费之间的差距。俄罗斯联邦主体《最低生活费法》第 4 条第 4 款规定：退休者退休金不能低于最低生活费。

联邦法律中确定养老金的社会补助金区别于国家社会救助中的津贴。根据联邦法律和联邦主体法律，养老金的社会补助金对退休者既有物质补助，也有现金补助，包括以下内容：

1. 根据《劳动退休金法》第 17 条第 4 款，因退休者失去的视为老年人劳动退休金保险部分的退休金；

2. 补充性社会保障；

3. 每月现金支付（包括一系列社会服务价值）；

4. 一些联邦主体法确定的现金形式社会支持措施（一次性提供的社会支持例外措施）。

在计算退休者物质保障总数时，没有统计根据联邦法律和联邦主体法律提供的实物形式的社会支持措施，包括现金等价物形式的社会支持，诸如支付的电话费，支付住房和市政服务费用，支付乘坐所有形式旅客交通费（城市的、郊区的和城市间的），以及指定服务的现金补偿支出。

需要指出的是，残疾儿童和儿童的养老金社会补助，是指对未满 18 周岁失去供养人的儿童设立劳动退休金，2010 年 1 月 1 日之后无须申请程序，可拥有相应退休金。

在从事劳动或相关活动期间，不支付养老金社会补助金，在此期间，根

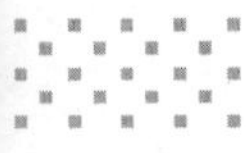

据强制性养老保险法规定公民按时缴纳强制性养老保险费。

联邦养老金社会补助金的运行规则，由联邦机关根据已制定的调整社会发展领域的国家政策和法律规范确定和支付。由俄罗斯联邦主体已确定法律或一些规范性文件确定地区性养老金社会救助金的履行程序。

获得养老金社会救助金的承担一系列义务。工作期间按时缴纳强制性养老保险，如果出现其他情况，会改变养老金社会救助金的数额或停止支付。

根据劳动退休金法，扣除过度支付养老金社会补助金要经过程序。

第六节　以社会合同（或契约）为基础的国家社会救助

社会合同是公民与其居住地或暂住地社会保障机构之间签订的，社会保障机构保证提供给公民国家社会救助，而公民实现与社会相适应的预期项目的措施。

以社会合同为基础的国家社会救助目的在于促进其克服生活困难的积极性。在社会合同中应包括：

1. 社会合同的目标；
2. 给予国家社会救助的社会保障机构与公民的权利与义务；
3. 国家社会救助的形式与数额；
4. 给予国家社会救助的程序；
5. 社会合同的有效期；
6. 社会合同变更与终止程序。

社会合同运用社会适应性项目，有预见负责任地为获得国家社会救助者提供有效措施，这些措施包括：

1. 找到工作；
2. 提供职业培训和再培训；
3. 从事个体经营；
4. 引导从事私人辅助产业；

5. 其他引导公民克服生活困难的措施。

社会保障部门联合居民就业机构、俄罗斯联邦主体执行机关、地方自治机构等一起在社会合同基础上提供国家社会救助，使获得救助者得到预期和社会适应性的有效措施。社会适应性项目由社会合同确定期限。社会适应性项目由居民居住地或暂住地社会保障部门的主管签署。[①]

以社会合同为基础的国家社会救助有效期一般为三个月至一年，内容以社会适应性项目为主。根据俄罗斯联邦规范性法律行为，此期限可以延长。

由俄罗斯联邦政府对以社会合同为基础的国家社会救助的有效性进行评估。

自 2015 年 1 月 1 日增加 7.4％的最低工资标准，最低工资将达到 5 965 卢布。低于温饱水平收入者，有资格获得免费提供的社会服务，从 2015 年 1 月 1 日起，各区域本身可以设置这个门槛。中低收入家庭和低收入公民想要采取积极措施，克服贫困和实现独立来源收益的，区域机构能够提供更多的实质性的资金支持。[②]

① Павленок П. Д. Теория，история и методика социальной работы. Избранные работы. Учебное пособие. -М.，2012.

② 俄罗斯劳动与社会保障部官方网站。

第八章

社会服务

社会服务的特点是提供实物性（非货币性）形式的社会性服务。逐渐进入老龄的公民、完全或部分丧失自助能力，需要为其提供服务以保障其生活活动（饮食、照料、打扫房间、洗衣等），离开外人帮助不能生活自理。[①] 除此以外，社会的特殊特征是不仅给予克服劳动生活困境的方向，还给予预测和预防。

社会服务的法律关系主体，一方面，俄罗斯联邦国家权力受委托机关，俄罗斯联邦主体国家权力受委托机关及其他受委托机构，具有独立的组织法律模式和财产模式，从事社会服务领域企业家活动且未形成法人的组织，提供社会服务；另一方面，社会工作的对象——公民或家庭，根据其处于的困难生活状况提供相应社会服务。外国人、无国籍人、难民和俄罗斯联邦公民享有同等社会服务的权利。

困难生活状况是指客观影响公民（家庭）生活活动，使其不能生活自理的各种情形的总和。确定公民（家庭）处于困难生活状况的情形，诸如：①因病、残疾或渐入老龄（女性超过 55 岁、男性超过 60 岁），而部分或全部丧失生活自理能力的；②孤儿、无监护人、流浪街头的未成年人；③家庭不幸（家庭暴力、非社会化行为的儿童或父母、具有人体免疫缺损病毒成员的家庭、具有毒品或酒精依赖家庭成员）；④家庭中有残疾人或残疾儿童的；⑤

① Бритиков А. Г. Социальная работа，-СПб.：Питер，2007.

根据既定规则认定为低收入公民（或家庭）的；⑥无固定居所或职业，包括刑满释放人员；⑦带来损失的特殊情况，武装或民族间争议，违法行为的受影响者；⑧工伤或职业病；⑨失去抚养人；⑩被迫改变长期居住国家的；⑪怀孕和哺乳期的；⑫精神病；⑬其他与生活风险有关的情形。[①]

需要提供社会服务的公民可以分为以下几种：①残疾人（包括儿童残疾人）；②处于困难生活状况的老年人（女性超过55岁、男性超过60岁）；③孤儿，无监护人、流浪街头的未成年人，处于社会危险状态的儿童（精神病人或有家庭暴力的家庭）；④缺乏保障；⑤无固定居所或职业；⑥遭受精神病或家庭暴力的女性；⑦遭受极端情况的公民（遭受天灾、意外灾难、武装或民族冲突的公民、难民和被迫移民者等）；⑧其他处于生活困境需要社会服务的公民。

需要提供社会服务的家庭包括：①处于社会危险状态（处于社会危险状态有孩子的家庭，未对孩子尽教育、学习义务的家庭，或者有对孩子造成负面影响的行为或残酷对待孩子的家庭）；②有孤儿，或者孩子缺乏父母照料的家庭；③缺乏保障的家庭；④有一名退休者（家庭成员中有上年纪的人或残疾人，空巢老人等）；⑤遭遇突发情况（遭遇天灾、难民和被迫移民）；⑥有残疾儿童的家庭；⑦偏离智力、身体和心理发展的；⑧其他处于生活困境，需要提供社会服务的家庭。[②]

俄罗斯联邦国家权力机关和俄罗斯联邦主体国家权力机关授权在社会服务领域建立专业工作或社会工作国家管理体系，在社会服务领域开展活动。联邦国家权力机关、俄罗斯联邦主体国家权力机关通过专业活动为残疾人提供劳动就业保障，促进提高其进入劳动力市场的竞争性；教育、居民社会保障和卫生部门保障残疾儿童的培养和教育，使其接受残疾康复个人计划的残疾人教育。

---

①② Социальное обслуживание населения：административно-правовое регулирование：монография/Н. Л. Зуева；Воронежский государственный университет. -Воронеж：Изд-во Воронеж. гос. ун-та，2013.

社会服务由社会组织提供，给予公民社会性服务，社会服务机构有单独的财务形式，包括：①居民社会服务综合中心；②家庭或儿童社会救助地区中心；③社会服务中心；④未成年人社会康复中心；⑤缺乏父母照料的儿童救助中心；⑥儿童或少年社会孤儿院；⑦居民精神教育救助中心；⑧电话心理救助中心；⑨房屋社会救助中心；⑩晚间住宿机构；⑪孤独老年人的专业机构；⑫社会服务常设机构；⑬老年中心；⑭其他提供社会性服务的机构。

居民的社会服务是拥有独立组织法律形式和财务模式的俄罗斯联邦国家权力机关、俄罗斯联邦主体国家权力机关授权机构，及其他授权机构，在社会服务领域从事企业活动没有形成法人的组织，为处于困难生活状况的俄罗斯联邦公民、外国人、无国籍人、俄罗斯联邦的常住人口和家庭提供必要社会性服务的活动。[①] 1995 年 8 月 2 日第 122 号联邦法《关于渐入老龄和残疾人的社会服务》确定以下社会服务形式：①入户社会服务（包括社会医疗服务）；②半社会服务，独立的日间（或晚间）社会服务；③常设社会服务机构的常设社会服务；④应急性社会服务；⑤社会咨询救助。

《关于俄罗斯联邦居民基本社会服务》确定了社会服务的以下类型：①物质救助；②家务社会救助；③常设机构的社会服务；④提供临时性居所；⑤组织在社会服务机构的日间居留；⑥咨询救助；⑦康复服务。

社会服务由免费的或付费性社会工作完成。国家体系内免费社会服务的社会工作范围包括：①公民因逐渐迈入老龄、生病、残疾、无亲属能够照顾或帮助，而无法自我服务的，如果其平均工资低于最低生活标准的，由其居住地俄罗斯联邦主体提供；②因失业、天灾、意外灾难，遭受武装或民族间冲突的公民；③未成年人处于困难生活状况的。需付费的国家体系内社会性服务社会工作的规则，由俄罗斯联邦主体国家权力机关确定。大多数联邦主

① Ящерицына О. Проблемы организации социального обслуживания//Социальная сплоченность и доступ к социальным правам：материалы Моск. конф. （11-12 апреля 2005 г.）/под общ. ред. О. И. Косенко. М.，2005.

体通过规范性法律文件，确定国家体系内社会性服务社会工作的规则和支付条件，确定社会服务收费表。社会服务的收费标准与公民收入、最低生活标准有关，由其居住地联邦主体确定。

第一节　常设社会服务

常设社会服务机构通过社会性服务为部分或完全丧失自理能力的公民提供长期照料，并保障建立与其年龄和健康状况相符的生活活动，举行医疗、心理、社会、饮食和照顾活动，甚至组织加强劳动活动、休息和闲暇活动。

老年人和残疾人在常设社会服务机构提供的常设社会服务，与其年龄、健康状况及社会地位相符。常设社会服务机构包括老年人和残疾人寄宿之家、心理精神寄宿之家、智力受限的儿童寄宿之家、身体缺陷儿童寄宿之家。寄宿之家根据卫生部门开具的医疗证明和医学禁忌接收相关人员。在常设机构中接收部分或全部丧失自理能力且需要长期照料其健康的老年人（女性超过55岁、男性超过60岁）和残疾人（包括儿童残疾人）。[①]

根据常设服务机构的功能划分以下类型：①所有类型常设机构；②心理精神常设机构；③专业常设机构。

取决于年龄相关的服务机构包括：①儿童残疾人常设机构；②残疾人常设机构；③老年人常设机构；④老年人及残疾人常设机构。

取决于常设性社会服务时间有关的服务机构包括：①长期昼夜提供社会服务的常设机构：老年人和残疾人寄宿之家、心理精神寄宿之家、智力受限的儿童寄宿之家、身体缺陷儿童寄宿之家；②在确定时间取得昼夜常设服务的机构是未成年人社会孤儿院。

为智力受限的儿童建立寄宿之家，身体缺陷儿童寄宿之家。为避免产生心理障碍，在社会服务常设机构内残疾儿童和身体有缺陷儿童不在同一房间

---

① Приказ Минтруда России от 24. 11. 2014 N 939н “Об утверждении Примерного порядка предоставления социальных услуг в форме социального обслуживания на дому”.

住宿。残疾儿童要进入常设机构，需要其父母提交申请。四岁以下的残疾儿童被卫生部门管理的专门儿童之家接收。儿童寄宿之家接收四至十八岁智力发展异常的儿童。接收因遭受慢性精神病而智力受限的儿童进入儿童寄宿之家的，根据细则需要给予其健康照料、生活照顾、医疗帮助，内容包括可以接收因智力发展受限需进入儿童寄宿之家的病例清单，及提供给儿童寄宿之家的医学禁忌。被寄宿之家接收的病种包括：①痴呆；②具有粗暴倾向的、难于从事专业寄宿学校辅助性训练的弱智（离开别人帮助难于自理，需要单独照料）；③脑部器官移植失败后产生的迟钝等。提供给儿童寄宿之家的关于智力受限儿童的医学禁忌有：①精神病附带的粗暴扰乱嗜好和行为障碍，对自身疾病和周围环境带来危险的；②任何一种精神病，在全日制学校可以学习或在专业机构可以训练，或者细则中规定的其他情形。①

儿童寄宿之家接收有智力缺陷和破坏了的支撑运动器官，离开外人帮助不能改变，不能自理需要单独护理的残疾儿童。

部分或全部丧失自理能力需要长期接受照料的老人或残疾人中，如有释放获得自由的特别危险的惯犯，要接受法律行政法规的监督；有前科或者因违反社会秩序屡次追究行政责任、从事流浪或乞讨人员被送往内务部机构的老人或残疾人，没有医疗反对证明和经个人意愿申请社会服务的，由专门社会服务常设机构接收。

在社会服务常设机构居住的公民拥有以下权利：①保障其居住条件，满足卫生保健需求；②由社会服务常设机构提供照料、基本医疗保健和口腔护理；③社会医疗康复和社会适应；④自愿参加以健康、兴趣、愿望为主的医疗劳动；⑤社会医疗体检，开具认定或变更残疾等级医疗证明；⑥律师、公证人、法律代表、社会组织代表、牧师及亲属或其他人自由探望；⑦免费法律辩护；⑧为举行宗教仪式提供处所；⑨参加社会委员会保障老年人和残疾

---

① Приказ Минтруда России от 24. 11. 2014 N 935н “Об утверждении Примерного порядка предоставления социальных услуг в стационарной форме социального обслуживания”.

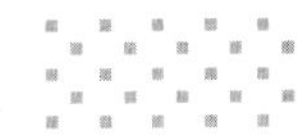

人的权利，包括建立社会服务机构。

在社会服务常设机构居住的残疾儿童，拥有接受与其身体可能与智力能力相符的教育和职业培训的权利。这种权利以社会服务常设机构组织专门教育机构和劳动培训师的途径完成。

第二节　半常设社会服务

半常设社会服务为保存自理能力或积极改变或者没有医疗反对证明的老人和残疾人，处于困难生活状况的儿童提供社会服务。半常设社会服务由半常设社会服务机构或者由居民社会服务中心成立的单独的日间（或晚间）居住履行。[①]

半常设社会服务包括老年人和残疾人的社会生活、医疗和文化服务，有以下服务类型：①组织饮食、生活方式和闲暇（保障提供热饭、床上用品、保障图书、杂志和报纸）；②社会医疗服务（提供社会心理服务、组织卫生健康讲座、进行残疾人康复计划等）；③协助获得教育或职业培训；④协助就业；⑤协助组织法律服务；⑥协助组织宗教服务。

第三节　居家社会服务

居家社会服务是社会服务的一种基本形式，最大可能延长老年人和残疾人在熟悉社会环境居住，以维护其社会地位，保障其权利和法律利益。保障家庭社会服务包括：①提供食品，包括家里有足够的食物；②帮助获得需要的药品、粮食和工业产品；③协助获得医疗帮助，包括陪同到医疗机构；④维护合乎卫生要求的居住条件；⑤协助组织法律帮助及其他法律服务；⑥协助组织宗教服务；⑦其他居家社会服务。如果待服务的老人和残疾人居住地无集中供暖和供水的，居家社会服务包括协助保障燃料和水。

---

① Приказ Минтруда России от 24. 11. 2014 N 938н “Об утверждении Примерного порядка предоставления социальных услуг в полустационарной форме социального обслуживания”.

居家社会医疗服务必须由居家社会服务提供给老年人和残疾人的，包括遭受精神损害、结核病和重病晚期。老年人和残疾人，出现细菌或病毒，或者具有慢性酗酒、临时隔离性传染病、结核病、严重精神伤害或者其他疾病，需要住在特殊的卫生机构的，可以给他们提供居家社会服务和社会医疗服务。①

第四节　残疾儿童教育和培训

根据残疾人社会保护法，教育机构与居民社会保护机构和卫生机构合作，保障残疾儿童的学龄前和校外教育，通过单独的残疾人康复计划，使其获得残疾人中等或高等职业教育。

给学龄前残疾儿童提供必要的康复标准和创造学龄前儿童机构的条件，为了其健康，设立专门学龄前机构。儿童残疾人在不能实现集体的或专门的学龄前或者普通教育的，教育管理部门和教育机构保障与其父母签订协议，利用完整普通教育或者单独家庭项目的形式培训儿童残疾人。

儿童残疾人家庭培训的基本组织是医疗预防机构。具有家庭培训权利的病种名单由俄罗斯卫生部确定。残疾儿童的家庭培训由临近其居住地的教育机构执行，制定完整的教育计划。

教育机构对残疾儿童的家庭教育拥有以下措施：①培训期间免费提供课本、学习及参考书目、运用教育机构的图书馆；②保障专业教育人员数量，给以方法和咨询帮助，特别是掌握完整的教育计划；③给予中期和总结评定；④给予过去的国家标准形式的教育总结评定。

残疾儿童学习期间，其父母（或法定监护人）有权利额外聘请其他教育机构的教育人员。父母（或法定监护人）有权让残疾儿童接受有国家信用和

---

① Васильчиков В. М. Муниципальный сектор социального обслуживания пожилых людей и инвалидов: состояние, динамика развития, тенденции и перспективы//Муниципальная система социальной защиты населения: опыт, проблемы, перспективы. М., 2002. С. 33.

执行完整教育计划的非国家教育机构的教育和培训。非国家教育机构可以提供具有专业教育条件的教育和培训，包括专业教育计划、个人康复计划、技术手段、生活条件、专业培训教育，甚至是医疗服务等完整计划。

残疾儿童的家长（法定监护人）自行在家进行教育和培训的，教育管理机构给予其家庭补偿开支的标准，根据国家或地方制定的与国家或市政教育机构相适应的财政开支条例支付。

俄罗斯从 2015 年 1 月 1 日起，有超过 1 300 个固定的社会服务机构为老年人和残疾人士，包括精神病患者服务。机构总数为 3 540 个。2015 年废旧社会服务机构的数量减少近 50%：在 2015 年初废旧机构分别为 27 个和 72 个，到年底还有 11 个和 39 个。①

居民的社会服务 2016 年将继续完善在社会服务领域提供服务。实现社会服务现代化的基础是 2013 年 12 月 28 日通过的第 442 号联邦法《关于俄罗斯联邦公民社会服务的基本法》，在 2015 年 1 月 1 日生效。制定该法的目的是为发展俄罗斯公民的社会服务，提高其质量、水平和效率。该法规定了俄罗斯联邦公民接受社会服务的权利和联邦当局与州政府提供社会服务的义务，为社会服务领域提供法律、组织和经济基础。②

该法规定了社会服务的基本原则，明确了一批在社会服务领域使用的关键概念，定义社会服务的形式，社会服务以及他们提供的条件类型，社会服务机构的财政拨款原则等内容，规定了允许非国有部门参与提供社会服务的法律机制。

2014 年 12 月 29 日通过的第 464 号《关于修订俄罗斯联邦税法典第二部分》联邦法律于 2015 年开始生效，由俄罗斯劳动部主持，为社会服务领域的发展创造有利环境。变化包括通过给予医疗和教育机构税收优惠，组建提供社会服务的组织。该法规定了为公民提供社会服务的机构适用零税率的可能

①② 俄罗斯联邦劳动与社会保障部官方网站。

性。此外，俄罗斯政府2014年12月27号通过了第1582号政府令中规定“俄罗斯联邦预算审批并提供补贴用于偿还由法人投资的社会服务项目因贷款产生的利息费用。”监管的目的是通过提供利率补贴，保障在俄罗斯信贷机构获得贷款支持投资者在俄罗斯联邦主体投资社会服务领域项目的实施①。

据俄罗斯联邦主体数据，2013年参与提供社会服务的非政府机构组织达600余个，2014年超过800个，2015年初纳入社会服务的非政府组织在37个地区达到300个。11月17日，俄罗斯国家杜马三读通过“关于修订俄罗斯联邦的某些立法行为以符合2013年12月28日通过的第442号联邦法‘关于俄罗斯联邦公民社会服务的基本法’,”该法特别更改了联邦法律《国家社会援助法》中关于“艰难的生活状况”的概念，所谓“艰难的生活状况”是指其恶化公民的生活条件，致使其不能自理。②

吸引志愿者（义工），参与社会服务领域的活动，旨在提高社会服务的质量，主要是在社会领域由于服务现代化及社会服务体系的优化和提高社会机构的有效性的问题，2015年3月27日在雅罗斯拉夫尔举行了全国社会工作者论坛。该论坛制定了联邦法律草案“关于修订俄罗斯联邦吸引志愿者（义工）在社会服务领域的工作方面的某些立法行为。”该法案包含：确定吸引志愿者（义工）的主要方法，在社会服务领域的工作，确定社会服务提供者之间的合作原则，涉及公共组织和其他非营利组织，义工（志愿者）社会服务的目的。特别是，该法案确定社会服务提供者不得从事志愿者（义工），也就是，在社会服务领域的活动中不可收取任何费用，自愿参与的个人为社会服务的接受者提供社会服务。该法案分别规定了规范非营利组织的社会服务提供者，其成员都是志愿者（义工），或是其吸引的志愿者（义工）。

该法案规定，将开展有关合作协议（合同）的基础上，在志愿者（义工）与非营利组织，以及社会服务的提供者之间缔结。为了吸引志愿者（义工），

---

①② 俄罗斯联邦劳动与社会保障部官方网站。

以活动来协助提供社会服务，该法案还规定了强制性获得社会服务的接受者（法定代表人）的知情同意书。

2013 年通过了《社会服务法》，2015 年落实了一系列旨在吸引非政府组织提供服务的社会服务政策：清理不必要的法规，目前不允许商业部门进入这个领域，并且为这些组织给予一定的税收优惠等。法案已在国家杜马春季会议上通过。

在俄罗斯联邦主体社会服务机构预约登记的人数，到 2015 年年末为 14.1 万人（2015 年 1 月 1 日为 16 万人）。① 2016 年 1 月 1 日起施行“关于修订俄罗斯联邦有关提高计划和完善社会支持的定位和应用需求标准的责任原则的某些立法行为法”。法律赋予俄罗斯联邦有必要引入确定的社会支持措施准则的权利。俄罗斯劳动部将成为提供需求评估和建立需要标准、提供社会支持措施的部门。该法律规定，在区域性地区的社会政策中，规定提供社会保障措施的标准和区域性预算资金的形成与定位。允许在提供社会援助的地区重新分配资金，以支持真正需要它的人。

① 俄罗斯联邦劳动与社会保障部官方网站。

第九章

补充社会保障

第一节 补充社会保障概述

俄罗斯联邦法律中关于补充社会保障的有《每月补充性物质保障》《补充性社会保障》《补充性养老保障》等。俄罗斯联邦《宪法》第三十九条规定：①在患病、致残、失去供养人、为了教育子女和法律所规定的其他情况下，对每个人按照年龄提供社会保障。②国家退休金和社会救济金由法律规定。③鼓励志愿的社会保障，建立补充的社会保障形式和慈善事业。第七十二条第一款第7项规定：属俄罗斯联邦和俄罗斯联邦各主体共同管辖的是协调医疗卫生问题；保护家庭、父母和儿童，社会保护，包括社会保障。

俄罗斯的补充社会保障是俄罗斯联邦给予在特殊条件下工作，在经济、社会、科学技术、文化和其他社会生活领域有突出成果或贡献的公民的社会保障形式，促进地区、城市、组织间的巩固和发展，由俄罗斯联邦财政、俄罗斯联邦主体财政、市政组织财政、组织经费等负担费用，成为公民的补充性保障。

补充社会保障具有改善公民物质条件的目标和其奖励特征，表彰公民为国家和社会做出的突出贡献及考虑到特殊工作中的突出风险。

补充社会保障有以下几个特点：

1. 补充社会保障比社会支持范围更小，是确定的小群体，包括在国家或市政任职、俄罗斯联邦主体国家公务员、市政公务员、个体组织劳动者、拥有特殊贡献或成绩的家庭或儿童[①]；

2. 补充社会保障资金来源于俄罗斯联邦财政、俄罗斯联邦主体财政、地方财政、组织经费、非国家养老基金等；

3. 补充社会保障拥有自己的国家联邦机构、俄罗斯联邦主体国家权力机关、地方管理机关规范性文件，用来调整非国家养老基金和组织的局部行为；

4. 补充社会保障重要部分是支付强制养老保险和国家养老保障之外的补充养老金；

5. 由国家权力联邦机构、俄罗斯联邦主体国家权力机关、地方自治机构、非国家养老基金和雇主提供补充社会保障。

从补充社会保障的特点看，其拥有以下等级：联邦级、地区级、市级、地方性和非国家养老保障。每种水平相应的都有规范的财政来源、提供机构、保障主体和保障方式。根据补充社会保障财政来源不同，可以划分为国家补充保障和非国家补充保障。首要财政来源是俄罗斯联邦预算和联邦主体预算，其次是地方自治预算资金、企业、组织及个人资金。

非国家社会保障可以划分为以下基本形式：企业保障、市政保障、非国家养老保障、补充社会保险和慈善事业。

十月革命以前的俄罗斯，由教会、商业行会、手工业行会、慈善组织为低收入人群提供保障。在现代俄罗斯社会出现逐渐恢复慈善、协会、互助职能，特别是俄罗斯宪法宣布奖励补充形式社会保障，基于此国家赋予权力促进形成此形式，通过组织法律体系和财政措施促进其发展。目前俄罗斯只有社团和大企业拥有财政资源，可以给予劳动者补充性保障解决某些社会问题（住院、休息、教育、养老保障、生活条件）。

---

① Право социального обеспечения：учебник и практикум для прикрадного бакалавриата/под ред. В. Ш. Шайхатдинова. -3-е изд.，перераб. и доп. -М.：Издательство Юрайт，2015.

第二节　联邦层级补充社会保障

根据2002年3月4日第21号联邦法律《关于给予有特殊贡献或成绩的俄罗斯联邦公民每月提供补偿性物质保障》中公民划分范畴，在其退休后给予补充性物质保障。根据贡献等级不同借助每月补充性物质保障以增加退休金。

补充性物质保障给予以下人群：①苏联英雄、俄罗斯联邦英雄；②列宁勋章获得者；③一级、二级、三级及四级祖国功勋勋章获得者；④三级荣誉勋章获得者；⑤社会主义劳动英雄；⑥三级劳动荣誉勋章获得者；⑦列宁奖金获得者，苏联国家奖金获得者，俄罗斯联邦国家奖金获得者；⑧三级“服务苏联国家武装力量”勋章获得者；⑨奥运会冠军。

补充性物质保障的标准[①]：

1. 苏联英雄，俄罗斯联邦英雄，社会主义劳动英雄，三级荣誉勋章获得者，一级祖国功勋勋章获得者，可获得根据《国家养老保障法》第18条第1款第1项规定的415%标准的社会养老金；

2. 列宁勋章获得者，二级、三级及四级祖国功勋勋章获得者，列宁奖金获得者，苏联国家奖金获得者，俄罗斯联邦国家奖金获得者，可获得根据《国家养老保障法》第18条第1款第1项规定的330%标准的社会养老金；

3. 三级劳动荣誉勋章获得者，三级“服务苏联国家武装力量”勋章获得者，奥运会冠军等，可获得根据《国家养老保障法》第18条第1款第1项规定的250%标准的社会养老金。

补充性物质保障与退休金同时发放，在从事有偿工作期间、终止国家荣誉与奖励期间，不予发放补充性物质保障。国家荣誉与奖励恢复后，可恢复补充性物质保障。上述补充性物质保障由联邦财政负责。

联邦委员会成员及俄罗斯联邦国家杜马代表的补充社会保障，由1994年

---

① Право социального обеспечения: учебник и практикум для прикрадного бакалавриата/под ред. В. Ш. Шайхатдинова. -3-е изд., перераб. и доп. -М.: Издательство Юрайт, 2015.

3 月 8 日通过的第 3 号联邦法律《关于联邦委员会成员及俄罗斯联邦国家杜马代表的社会地位》确定，每月补发国家养老金。国家养老金每月补发数额：在履行联邦委员会成员及俄罗斯联邦国家杜马代表职责 1 至 3 年期间，按每月联邦委员会成员及俄罗斯联邦国家杜马代表每月货币酬劳的 55%发放，履行职责 3 年以上的，按每月联邦委员会成员及俄罗斯联邦国家杜马代表每月货币酬劳的 75%发放。[①]

每月补发给联邦委员会成员及俄罗斯联邦国家杜马代表（其暂时中止俄罗斯联邦国家职务、俄罗斯联邦主体国家职务、国家公务员身份或市级公务员身份）国家养老金，每月补发国家养老金由公民提出申请，由联邦社会保障执行机关主管确定。

核武器专家补充社会保障的条件和措施，由 2000 年 8 月 23 日第 1563 号总统令《关于对俄罗斯联邦核武器专家社会支持的紧急措施》和 2005 年 9 月 1 日第 549 号俄罗斯联邦政府令《关于促进俄罗斯联邦核武器专家社会支持措施》，按照劳动退休金程序同时支付补充社会保障，用单独的付款方式支付劳动退休金。

个别领域工人（煤矿企业）的补充社会保障受 2010 年 5 月 10 日第 84 号联邦法律《关于煤矿企业工人补充性社会保障》调整。自 2011 年 1 月 1 日起，在煤矿企业工作不少于 25 年（在井下采矿或建设矿井）或者不少于 20 年（井底煤矿清洁工、掘进工、采矿落煤工、运煤工）根据俄罗斯联邦法律规定退休的，享有没有退休补贴的权利，由煤矿企业向俄罗斯联邦养老基金缴纳保险费中支出养老补贴。

第三节　地区层级补充社会保障

俄罗斯联邦主体层级的补充社会保障有养老金补贴、每月津贴，由区域、

---

① Право социального обеспечения: учебник и практикум для прикрадного бакалавриата/под ред. В. Ш. Шайхатдинова. -3-е изд., перераб. и доп. -М.: Издательство Юрайт, 2015.

地区级财政支付。例如，莫斯科市政府规范性法律文件确定补充保障形式为每月养老补偿、生育孩子的“家庭”补偿等。莫斯科市政府每年确定每月养老补偿的城市标准——社会定额条件，数额由莫斯科市政府确定，以此补发劳动退休金或国家退休金，并且养老金和补发总数不低于此标准确定社会定额是为补偿增长的居民生活支出。2009 年 11 月 17 日莫斯科市政府第 1268 号决议《关于地区养老金社会补偿》规定，自 2011 年 1 月 1 日起城市社会标准为 11 000 卢布。[①] 拥有莫斯科市户籍的公民可享有补充社会保障。1995 年 1 月 25 日第 39 号莫斯科法《关于莫斯科市荣誉公民》规定，被莫斯科市市长授予“莫斯科市荣誉公民”称号的，达到退休年龄时可享有每月补充物质保障。

圣彼得堡市花费大量工作制定市民补充社会支持措施和补充社会保障，2011 年 11 月 9 日通过第 782—132 号圣彼得堡市法律《圣彼得堡社会法》。这部法律涉及不同层级居民：有孩子家庭、孤儿、预算内劳动者、残疾人、老职工、卫国战争参加者、运动员、教练员、退休者等。由圣彼得堡市财政负责支付和补偿不同类型养老金。1995 年 11 月 29 日第 145—22 号圣彼得堡市法律《关于圣彼得堡荣誉公民》规定，拥有此荣誉称号的公民可获得补充社会保障，即每月社会补偿。

根据 2005 年 6 月 15 日斯维尔德拉夫地区第 91—03 号法律《斯维尔德拉夫荣誉公民》规定，对有特殊贡献的荣誉公民不论是否达到退休年龄，均给予每月 10 000 卢布津贴。[②] 给予和支付每月津贴的程序和条件由斯维尔德拉夫地区政府的规范性法律文件确定。由斯维尔德拉夫地区政府社会保障执行机构根据户籍支付。

第四节　其他补充社会保障

市场经济条件下的社会保障有很大改变，表现出扩大企业和组织在建立

①② Право социального обеспечения: учебник и практикум для прикрадного бакалавриата/под ред. В. Ш. Шайхатдинова. -3-е изд., перераб. и доп. -М.: Издательство Юрайт, 2015.

新形式社会保障中非国家财政资金的作用。

企业职工的生产保障有以下不同形式：①职工和其家庭成员的全部或部分住院支付；②生育津贴；③退休一次性津贴；④在合同期间劳动或国家养老金的补充支付；⑤获得住房时的物质帮助等。生产性社会保障通过企业的集体合同确定，由企业资金负责，职工通过与企业的劳动关系获得。

国有镍公司及其子公司实行职工及其家庭成员的疗养计划，公司建有疗养基地，每年有超过30%的职工享有疗养福利和保健。工作在有毒劳动条件下的职工，每年接受医疗检查。俄罗斯航空公司实行住房计划，根据集体合同的约定，职工获得或改善住房时会获得不同形式的帮助。在尤克斯等许多其他企业的集体合同中都规定有支付职工补充社会保障的条件和程序，一般以专门养老金补偿或津贴形式支付。

第五节　非国家养老保障

非国家养老保障是对国家养老保障的补充，受1998年3月7日第75号联邦法律《关于非国家养老基金》保障和调整。

普京在俄罗斯养老代表大会上曾做出重要总结发言：现代社会政策需要大力发展补充性、非国家性养老保障，需要激发雇主和劳动者本人的活力，确定公民自愿性养老金积累计划。

非国家养老保障是国家养老体系的一部分，建立在1992年9月16日第1077号俄罗斯总统令《关于非国家养老基金》基础上，组建非国家养老基金。非国家养老保障的关系主体是非国家养老基金、管理公司、存款人、参加者、专业资金运作。非国家养老保障的参加者包括中间人、信贷机构，以及其他一些吸引养老资金储备配置机构。

非国家养老基金是非营利性的社会保障特殊组织法律形式，特殊的活动形式包括：①非国家养老保障各参加主体依照合同开展活动；②强制养老保险的保险人根据2001年12月15日第167号联邦法律《关于俄罗斯联邦强制性养老保险》，签订强制性养老保险合同；③根据联邦法律和职业养老金体系，职业养老保险的保险人开展活动。

扩展俄罗斯非国家养老基金，重要的是改变非国家养老基金的发展战略，密切与强制养老保险组织的联系，并吸引被保险人通过非国家养老基金进行劳动养老金之外的养老金积累。

较大程度增加养老金活力是建立部门或团体基金。除团体性非国家养老基金（首先是建立基金的公司），还有开放的非国家养老基金，如地区性的（只在特定地区生效），还有在国家所有地区生效的。典型的例子是俄罗斯对外银行开发的开放式非国家养老基金，在国家任何地方，运用发达的银行网络，不仅可以与自然人，还可以与法人签订养老金合同。团体性和开放式非国家养老基金的界限是有条件的。另外，劳动者可能选择建有基金的公司签订养老合同，未必选择他所工作的企业所设立的养老基金。

制定非国家养老基金成立条件、用途和支付规则的基本文件是基金养老金规则、基金与存款人签订的养老合同。

企业的非国家养老保障有自身特点，以明智的人力资本政策为目的，企业以长期养老计划激励员工。法人的养老计划是一整套法律文件，规定组织和企业劳动者非国家养老保障的标准。在企业集体合同中往往会有专门章节规定补充社会保障。

非国家养老基金的存款人不仅仅有法人，还有自然人。非国家养老金的发放与获得劳动养老金无关。

一、2012 年 1 月 1 日非国家养老保障体系评定

2008—2012 年期间非国家养老基金数量精简了 145 个。非国家养老基金缩减的趋势是基于建立非国家养老组织体系的稳定财政条件。俄罗斯联邦 29 个主体建有基金，莫斯科有 78 个非国家养老基金，圣彼得堡有 12 个，鞑旦斯坦共和国和罗斯托夫地区各有 5 个。非国家养老基金期待法律、组织及经济保障，以更好地发展补充养老金。非国家养老基金服务于 2 000 万人，其中

660 万人与非国家养老组织签订合同，150 万人获得补充养老金（每 25 位退休者中有 1 位老人），平均补充养老金为 1 774 卢布。全国自愿参加非国家养老基金的有 700 万人，涵盖 10%经济活跃人群。[①]

二、至 2030 年发展非国家养老保障预测

非国家养老基金在俄罗斯现有经济条件下客观地获得新的发展动力。2012 年 12 月 25 日俄罗斯联邦政府第 2524 号命令确定俄罗斯养老金体系长期发展战略（以下简称战略）。战略的基本目标是：保证养老保障的社会可接受水平，保障养老体系的财政长期稳定与平衡。发展养老体系的基本任务是，计划参加非国家养老基金。可接受的养老水平，即由中产阶级负担费用参加团体或私人养老体系，以及针对不同收入人群发展三支柱养老体系（对中等和高等收入人群，以自愿养老保险和非国家养老保障为支柱）。养老体系的三支柱：第一支柱是国家框架内的强制养老保险——劳动退休金，由养老保险基金支付，如发生俄罗斯联邦法律规定的情形由联邦财政负责；第二支柱是团体养老金，根据劳动者与雇主签订的劳动合同、集体合同或者行业协议等形成；第三支柱是私人养老金，由劳动者（自然人）形成。第二及第三支柱养老保障是对第一支柱的补充。

发展团体养老保障在战略中占有一个章节。战略中提到，将规范和巩固作为补充性非国家保障的劳动者团体养老保障，由雇主、保险机构、非国家养老基金、信贷机构以合同形式实现团体养老规划和养老规则。团体养老金的一项重要使命是发展提前养老金。近十年来，屡次尝试由团体养老金缓解提前养老金，或者由雇主在强制性养老保险框架内增加补充保险费以支付提前养老金，但未获成功。

三、其他形式的非国家社会保障

非国家社会保障的基本形式是补充社会保险和慈善事业。补充社会保险

---

① Право социального обеспечения: учебник и практикум для прикрадного бакалавриата/под ред. В. Ш. Шайхатдинова. -3-е изд., перераб. и доп. -М.: Издательство Юрайт, 2015.

最常见的是自愿医疗保险。俄罗斯联邦医疗保险法规定，医疗保险是保护公民健康的基本社会保障形式。自愿性医疗保险保障公民补充性医疗服务。新型的补充社会保险是补充养老保险，目的是通过吸引被保险人的补充货币资源，以提高劳动退休金的规模。

根据2008年4月30日通过的第56号联邦法《关于补充保险费中的积累部分及国家支持形成养老金积累》，国家对参加养老金积累的被保险人给予物质支持，根据补充保险费的金额，每年给予2 000卢布至12 000卢布不等的现金支持。补充养老保险的主体是被保险人、雇主和划拨补充保险费的联邦养老保险基金部门。

慈善事业是现代社会补充社会保障的一种形式，也是俄罗斯联邦宪法中极其鼓励的。1995年8月11日第135号联邦法《慈善活动与慈善组织法》是慈善事业的基本法。慈善活动由大企业或团体，或者小型组织与公民从事。慈善活动的目的是提供必要的补充性物质援助。慈善的形式可以是现金支付、日用品、食品、医疗救助、药品等。例如，尤科斯集团通过慈善捐助的儿童之家，帮助儿童获得职业能力和成为合乎社会需要的社会人。

俄罗斯非政府组织在慈善事业中发挥着重要作用。非政府组织作为慈善事业的重要载体，在扶助弱势群体中具有极大优势①：

第一，有奉献精神和人道主义情怀。非政府组织对弱势群体的关爱精神，更能体现他们相对于政府的优势，只有他们才能对弱势群体进行道德感化和精神帮助。

第二，更加贴近弱势群体。非政府组织最大的优势在于能够深入基层，贴近社会弱势群体，了解民众愿望和意愿，迅速反映基层民众的现实需要，并根据社会需求确定服务对象。在帮助弱势群体时，政府是从自上而下纵向的角度作为外部角色去看待这一群体；而非政府组织则从水平角度以平等的

① 许艳丽. 社会救助与慈善事业衔接的路径选择［J］. 新视野，2016（4）.

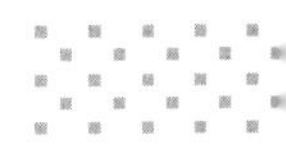

眼光去看待这一群体，他们会与社会弱势群体进行交流与沟通。

第三，发挥社会中介组织的优势。

第四，善于创新、整合和高效配置资源。

第五，筹集资金时具有自主性和广泛性。

非政府组织主要致力于解决“企业－市场机制”和“政府－国家机制”所顾及不了的一些社会问题，它是政府或市场不可缺的合作伙伴，已成为社会治理中相当活跃的角色。非政府组织成员在很大程度上是依靠共同的价值观和认同感结合在一起的，具有情感型组织的特征。

非政府组织是整合社会力量的主要载体，为民众参与社会保障搭建了重要平台。非政府组织在近些年中已经突破了原有的社会保障服务范畴，将其扩展到涵盖社会福利、社会救助、教育、医疗保健、卫生体育、环境保护、家政服务、小区管理等全方位的社会保障工作。

非政府组织有大量志愿者参与社会保障服务的管理、运行和日常活动，他们扎根于民间、了解基层实际需要，同时还拥有各种职业、知识、经历、观念和不同技能的人兼职于非政府组织，使它成为高水平、高效率的运作组织，能够比较好地满足一般民众的需求。

据杜马（议会下院）统计，目前在俄境内共有约 45 万个各类非政府、非营利性社会组织。其存在的法律形式有：消费合作社、社区与宗教协会、基金会、创设组织、草根组织、农民协会、国家社团等，其中最具影响力的是创设组织，占总数的 43.6％，其次是社区与宗教组织，占总数的 27.7％，消费合作社，占总数的 11.4％，其他类型占 17.3％。[①] 俄非政府组织主要类别有：

1. 企业慈善机构

主要由大型商业集团或银行提供活动资金的非政府组织，其活动目的带

① http://www.ngopravo.ru.

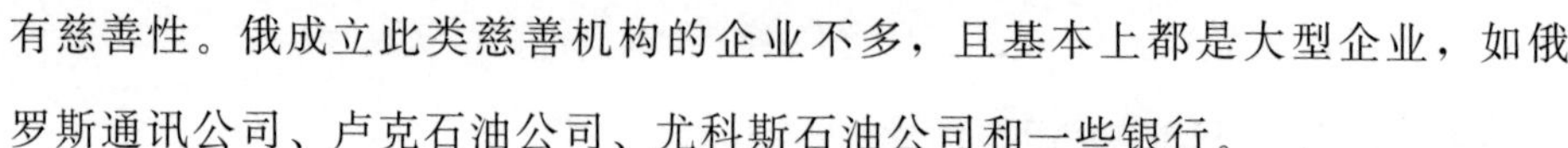

有慈善性。俄成立此类慈善机构的企业不多，且基本上都是大型企业，如俄罗斯通讯公司、卢克石油公司、尤科斯石油公司和一些银行。

2. 私人基金会

其活动经费一般来源于某些富人或富裕家庭提供的私人基金运转资本产生的利息。如波塔宁慈善基金会，别列佐夫斯基在国外成立的“法律捍卫者”基金会在俄境内频繁活动，戈尔巴乔夫建立的“社会经济与政治研究”国际社会基金会等。

3. 中介组织

由于缺乏先进的管理和组织能力，俄政府所属的基金会或行业协会在实施具体的政府拨款计划时往往邀请某些具有相应经验的专门机构参与计划的实施。这些机构中就包括俄境内专门从事慈善活动的国内外非政府组织，如“捍卫民主”民族基金会、世界学会、欧亚基金会、国际研究与交流理事会、慈善援助基金会等。

4. 社区组织

近年俄一些地区出现了由当地民众自发组织的社区组织，其活动宗旨是解决地区存在的社会经济问题和促进地区发展，如西伯利亚和远东城市协会、远东和后贝加尔地区区间合作协会等。尽管目前这类组织数量有限，但与20世纪90年代以前的空白相比已取得明显进步。

最强势的非政府组织主要有以下两类：一是社区协会，二是宗教组织。这既反映出俄罗斯在社会结构方面的巨大变化，公民自治能力的提高，同时也从另一个侧面反映出俄罗斯人精神生活许多微妙的变化。

东正教把关心穷人、残疾人、孤儿和青少年作为自己重要的社会职责，积极开展社会活动，关心社会福利事业，扩大教会影响。教会经常组织神职人员和教徒到医院、孤儿院、监狱等地做服务性劳动，给病人、残疾人、孤儿、犯人布道，给他们以物质上的帮助和心灵上的慰藉，帮助他们走出悲观失望的心境。在莫斯科总主教区成立了东正教事务管理局的教会慈善事业和

社会服务处，基督复临安息日派教会专门设立了救护代理处，基督教福音浸礼会 120 所医院，145 所儿童保育院和寄宿学校，95 个残疾人之家，130 多所劳动教养机关负责经常性辅导，各级教会经常向孤寡老人提供帮助，扶持贫困的家庭，给孤儿院提供资金和物质帮助。[①] 这些举动受到社会的赞许，给教会带来很好的声誉。

俄罗斯加大了对非政府组织的支持力度，支持它们从事社会保障、公众服务、公益事业等活动。俄政府从联邦预算中划拨资金设立“总统津贴”支持公民社会制度框架下的非政府组织。“总统津贴”额度不断增大，2011 年为 10 亿卢布，2012 年超过 15 亿卢布，2013 年为 25 亿卢布。非政府组织积极竞争，根据总统津贴的额度完成既定的社会计划。

① http://www.ramble.ru.

第十章

俄罗斯经济与社会保障部分统计数据

第一节　国内生产总值的基本统计

表 10—1　　国内生产总值（按经济活动的增加值总额统计）

项目	2014 年（亿卢布）	2015 年（亿卢布）
国内生产总值＝1＋2	77 945.07	80 804.31
1. 按基本价格增加值总额＝(1)＋(2)＋(3)＋…＋(16)	67 652.93	72 364.69
（1）农业、狩猎和林业	2 706.90	3 158.20
（2）垂钓、渔业	138.53	192.34
（3）采矿和采石	6 161.55	7 066.11
（4）制造业	9 209.02	10 244.56
（5）生产和电力、燃气及水的分布	1 951.06	2 019.36
（6）建筑	4 396.40	4 264.15
（7）批发和零售贸易，汽车、摩托车、家居用品、个人用品修理	10 887.35	11 429.96
（8）酒店和餐厅	617.78	652.57
（9）交通和通信	5 025.16	5 304.82
（10）金融活动	3 307.12	3 088.40
（11）房地产、租赁和商业活动	11 440.00	12 555.68

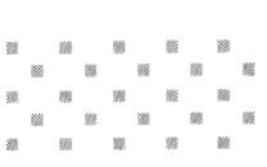

续表

项目	2014年（亿卢布）	2015年（亿卢布）
（12）公共管理和国防、社会保险	5 776.02	5 869.61
（13）教育	1 860.92	1 878.12
（14）医疗保健和社会服务	2 640.44	2 962.72
（15）其他社区、社会和个人服务	1 098.59	1 181.14
（16）家庭活动	436.08	496.95
2. 净产品税＝(2)－(1)	10 292.15	8 439.62
（1）产品补贴	258.70	298.88
（2）产品税	10 550.85	8 738.50

注：因四舍五入原因，部分数据存在与分项合计不绝对相等的情况。

资料来源：俄罗斯国家统计局，2016年4月4日。

表10—2　　国内生产总值年度使用情况数据

项目	2014年（亿卢布）	2015年（亿卢布）
国内生产总值＝1＋2＋3＋4	77 945.07	80 804.31
1. 最终消费支出＝(1)＋(2)＋(3)	56 487.60	59 067.30
（1）家庭经济	41 610.50	43 331.00
（2）政府管理	14 589.20	15 403.40
（3）为住户服务的非营利机构	287.90	332.90
2. 总积累＝(1)＋(2)	16 435.60	16 761.40
（1）固定资本总积累	16 651.00	17 667.80
（2）库存变化	－215.40	－906.40
3. 净出口＝(1)＋(2)	5 167.90	6 727.50
（1）出口	21 464.30	23 863.00
（2）进口	16 296.40	17 135.50
4. 统计误差	－146.00	－1 751.90

注：因四舍五入原因，部分数据存在与分项合计不绝对相等的情况。

资料来源：俄罗斯国家统计局2016年4月4日。

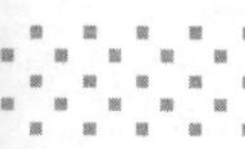

表 10—3　　组成国内生产总值的收入来源

项目	2014 年（亿卢布）	2015 年（亿卢布）
国内生产总值	77 945.07	80 804.31
雇员报酬（包括工资和混合收入）	36 495.90	38 131.67
生产和进口税净额	11 004.24	9 213.62
毛利润经济和混合总收入	30 444.94	33 459.02

注：①根据当前市场价值的固定资本消耗的估值，在 2011 年更新了基础表“投入—产出”发展的基础上，纳入家庭佣工服务（佣人），以及 2008 年列入研发及武器系统，以及利用金融账户规定的执行情况进行考核。

②从 2014 年的数据开始，纳入克里米亚联邦区提交的数据。

③因四舍五入原因，部分数据存在与分项合计不绝对相等的情况。

资料来源：俄罗斯国家统计局，2016 年 7 月 19 日。

第二节　金融资产及社会保险基金基本情况

表 10—4　　金融资产和负债的平衡　　单位：百万卢布

项目	总计	1. 银行系统	2. 投资基金	3. 其他金融机构	4. 保险公司	5. 私人养老基金	6. 公共管理	7. 非金融性公司	8. 家庭经济和非政府组织	国内经济总额=(1+2+3+…+8)	世界其他地区
金融资产	140 757 374	113 789 040	1 359 210	21 987 366	1 443 045	2 178 713	31 228 057	174 814 141	43 362 979	390 162 551	54 003 078
货币黄金和特别提款权	3 056 812	3 056 812	0	0	0	0	0	0	0	3 056 812	462 334
货币和存款	21 624 020	18 931 551	194 966	1 487 541	439 713	570 249	12 793 507	18 589 052	26 090 857	79 097 436	9 238 159
债务证券	28 369 632	24 823 333	142 977	2 156 938	330 003	916 381	1 975 450	1 075 903	634 105	32 055 090	2 546 600
贷款	61 860 603	58 185 107	6 513	3 647 129	21 710	144	2 991 483	19 487 652	566 469	84 906 207	20 629 237
股票和其他权益	16 131 279	4 680 457	676 092	10 033 757	157 677	583 296	8 994 031	58 597 123	12 970 925	96 693 358	19 257 536
保险和养老金储备	232 941	24 180	0	50 270	158 480	11	14 120	262 567	2 441 798	2 951 426	47 484
应收账款	9 482 087	4 087 600	338 662	4 611 731	335 462	108 632	4 459 466	76 801 844	658 825	91 402 222	1 821 728
义务	126 854 132	99 833 499	2 427 184	20 775 902	1 631 580	2 185 967	11 455 018	220 674 706	13 535 502	372 519 358	69 053 379

续表

项目	总计	1. 银行系统	2. 投资基金	3. 其他金融机构	4. 保险公司	5. 私人养老基金	6. 公共管理	7. 非金融性公司	8. 家庭经济和非政府组织	国内经济总额=(1+2+3+…+8)	世界其他地区
货币黄金和特别提款权	462 334	462 334	0	0	0	0	0	0	0	462 334	463 921
货币和存款	75 563 951	75 563 951	0	0	0	0	0	0	0	75 563 951	12 771 644
债务证券	4 514 257	3 144 395	0	1 358 635	11 227	0	8 189 208	2 833 512	8 552	15 545 529	19 056 161
贷款	16 436 490	9 888 631	0	6 529 314	17 086	1 459	2 105 323	59 493 443	13 248 523	91 283 779	14 251 666
股票和其他权益	19 426 264	7 619 066	2 141 000	8 955 842	567 245	143 111	0	77 915 310	0	97 341 574	18 609 320
保险和养老金储备	2 874 440	0	0	0	845 958	2 028 482	0	0	0	2 874 440	124 469
应付账款	7 576 396	3 155 122	286 184	3 932 111	190 064	12 915	1 160 487	80 432 441	278 427	89 447 751	3 776 198
金融资产减去负债	13 903 242	13 955 541	1 211 464	1 211 464	−188 535	−7 254	19 773 039	−45 860 565	29 827 477	17 643 193	−15 050 301

注：因四舍五入原因，部分数据可能存在与分项合计不绝对相等的情况。

资料来源：俄罗斯国家统计局，2016 年 7 月 29 日。

表 10—5　　俄罗斯联邦社会保险基金的收入和支出　　单位：百万卢布

项目	2014	2015
一、收入	569 825	541 282
1. 税款、保险费＝(1)＋(2)	508 575	531 171
（1）暂时失去劳动能力和与母亲有关的强制社会保险费	416 061	435 383
（2）工业事故和职业病强制社会保险费	92 457	95 735
2. 没来由的收据＝(1)＋(2)		
（1）从联邦预算中	35 324	30 440
（2）强制医疗保险基金联邦资金	17 982	18 368
二、支出＝1＋2＋3＋4＋…＋9	546 185	612 141
1. 强制性社会保险	482 274	539 568
2. 受辐射事故影响公民的育儿津贴	2 508	2 058
3. 受辐射事故影响公民的津贴	16	17
4. 残疾人技术康复设施，包括制造和维修假肢等物品	12 586	21 340
5. 提供某些类别公民的国家社会援助的疗养费以及城际交通费用	4 432	4 148
6. 支付在怀孕期间，分娩妇女的医疗保健和产后期第一年，以及孩子的临床监督	17 977	18 134
7. 在社会政策领域的其他问题	939	743
8. 为在职父母（监护人）照料残疾儿童支付额外四天假	1 687	2 419
9. 维护基金会的执行机构的费用	23 193	23 187

注：因统计口径和四舍五入原因，相关数据存在一定的误差。

资料来源：俄罗斯国家统计局，2016 年 7 月 29 日。

参 考 文 献

1. АндреевВ. С. Право социального обеспеченияв СССР，-М.：Юридическая литература，1974.

2. АзароваЕ. Г. Социальное обеспечение детей：теоретическиеподходы. М.，2012.

3. А. Ольховский，С. Тихонов，Здравоохранение России：20 лет реформ，которых не было. СП6：несмотр-История，2010.

4. А. Соловьев Актуальный прогноз долгосрочного развития пенсионной системы России Экономист. //2012. No. 6.

5. А. Соловьев Мокроэкономический анализ пенсионной системы// Экономист. 2013. No 3.

6. Барщевский М. Ю. Все о пенсиях и льготах/М. Ю. Барщевский. - М：Юрист，2009.

7. Бочарова О. В.，Право социального обеспечения：Учеб. пособие/ Юж. -Рос. гос. техн. ун-т. -Новочеркасск：ЮРГТУ，2011.

8. Бритиков А. Г. Социальная работа，-СПб.：Питер，2007.

9. Бюджетный кодекс Российской Федерации（БК РФ）от 31. 07. 1998 N 145-ФЗ//Российская газета，N 153-154，12. 08. 1998.

10. Васильчиков В. М. Муниципальный сектор социального обслуживания пожилых людей и инвалидов：состояние，динамика развития，тенденции и перспективы//Муниципальная система социальной защиты населения：опыт，проблемы，перспективы. М.，2002.

11. Владыкина Т. Если у Вас нет жены//Российская газета. 2012. 13 сент.

12. В. Назаров Будущее пенсионной системы параметрические реформы или смена парадигмы//вопрос Экономики. 2012. No. 9.

13. Вопросы социального обеспечения//Новая мера поддержки. No. 21 15 ноября 2013 год.

14. В. Путин Строительство справедливости социальная политика для России Комсомольская правда. 13 Фев. 2012.

15. Галаганов В. П. Проблемы обязательного социального страхования (правовой аспект): монография. -М.: ИД АТИСО, 2009.

16. Герасимов В. Н. Новые гуманитарно-правовые технологии решения проблемы воспитания детей в неблагополучных семьях//Семейное и жилищное право. 2011. N 5.

17. Герасимов В. Н. Проблемы современных многодетных семей в России: сравнительный анализ с законодательством стран ЕС.

18. Графова В. С. Социальное страхование и его функции//Гуманитарные научные исследования. 2014. No. 4.

19. Гусева Т. С. Социальное обеспечение семьи, материнства, отцовства и детства в России: теоретические и практические проблемы. Пенза, 2011.

20. Замараева З. П. Социальная защита. Учебное пособие. -Пермь, 2009.

21. Захаров М. Л., Тучкова Э. Г. Право социального обеспечения России. 2-е изд., испр. и перераб. -М.: изд-во БЕК, 2002.

22. Захаров М. Л. Социальное страхование в России: прошлое, настоящее и перспективы развития (трудовые пенсии, пособия, выплаты пострадавшим на производстве). М., 2013.

23. Захаров М. Л., Тучкова Э. Г. Право социального обеспечения. Москва 2011.

24. Захаров М. Л., Савостьянова В. Б., Тучкова Э. Г. Комментарий к новому пенсионному законодательству: Постатейный комментарий к Федеральным законам《О трудовых пенсиях в Российской Федерации》,《О государственном пенсионном обеспечении в Российской Федерации》. М-, 2009.

25. Е. Гонтмахер Российские социальные неравенства как фактор общественно-политической стабильности//вопрос Экономики. 2013. No 4.

26. Емельянова К. В. Теория социальной работы, -М.: Овал, 2007. -276с.

27. Козловская Т. И. Социальная работа, -М.: Олма-пресс, 2004.

28. Корсаненкова Ю. Б. Правовая защита семьи, материнства и детства в социальном обеспечении России//Вопросы ювенальной юстиции. 2009. N 6.

29. Корсаненкова Ю. Б. Проблемы совершенствования законодательства о ежемесячных пособиях на ребенка//Трудовое право. 2008. N 3.

30. Лушникова М. В., Лушников А. М. Курс права социального обеспечения (2-е изд., доп.). - "Юстицинформ", 2009 г.

31. Л. Федорова К вопросу о действенности социальной политики//Экономист. 2013. No. 4.

32. Маркс К., Энгельс Ф. Соч. 2-е изд. Т. 23.

33. Мачульская Е. Е., Добромыслов К. В. Право социального обеспечения. Учебное пособие. -М.: Книжный мир, 2009.

34. Милоенко Елена Васильевна Пенсионная реформа в России: достойная старость или бедность//jsrp. 2013. No. 3.

35. Павленок П. Д. Теория, история и методика социальной работы. Избранные работы. Учебное пособие. -М., 2012.

36. Право социального обеспечения: учебник для бакалавров/под ред. В. Ш. Шайхатдинова. -2-е изд., перераб. и доп. -М.: Издательство Юрайт, 2013.

37. Право социального обеспечения: учебник для бакалавров/под ред. В. Ш. Шайхатдинова. -2-е изд., перераб. и доп. -М.: Издательство Юрайт, 2013.

38. Право социального обеспечения: учебник для академического бакалавриата/Г. В. Сулейманова. -3-е изд., перераб. и доп. -М.: Издательство Юрайт, 2015.

39. Право социального обеспечения: учебник и практикум для прикрадного бакалавриата/под ред. В. Ш. Шайхатдинова. -3-е изд., перераб. и доп. -М.: Издательство Юрайт, 2015.

40. Приказ Минтруда России от 24. 11. 2014 N 939н “Об утверждении Примерного порядка предоставления социальных услуг в форме социального обслуживания на дому”.

41. Приказ Минтруда России от 24. 11. 2014 N 938н “Об утверждении Примерного порядка предоставления социальных услуг в полустационарной форме социального обслуживания”.

42. Приказ Минтруда России от 24. 11. 2014 N 935н “Об утверждении Примерного порядка предоставления социальных услуг в стационарной форме социального обслуживания”.

43. “Основные направления бюджетной политики на 2015 год и на плановый период 2016 и 2017 годов”.

44. Основные институты социальной защиты населения в Российской Федерации (конституционно-правовое исследование). Монография/Лепихов М. И. -М.: Изд-во РАГС, 2005.

45. Сидорова Т. Кому и зачем нужны наши дети//Правда. 2012. 26 апр.

46. Соловьев С. М. Сочинения. Кн. 1. История России с древнейших времен, -М.: Голос, 1988.

47. Состояние и перспективы развития системы социальной защиты в России/Золотарева А. [и др.]. -М.: Ин-т Гайдара, 2011.

48. Социальная помощь: На пути к адресности: Сборник статей/Под ред. М. И. Либоракиной. -М.: Фонд "Институт экономики города", 2001.

49. Социальное обслуживание населения: административно-правовое регулирование: монография/Н. Л. Зуева; Воронежский государственный университет. -Воронеж: Изд-во Воронеж. гос. ун-та, 2013.

50. Ставцева А. И. Исследование социалистических правовых отношений в сфере социального обеспечения. (Иванова Р. И. Правоотношения по социальному обеспечению в СССР. -М.: Изд-во Моск. ун-та, 1986. -175 с.) //Вестник Московского университета. -М.: Изд-во Моск. ун-та, 1986, No. 5.

51. Федеральный закон от 15. 12. 2001 N 166-ФЗ (ред. от 21. 07. 2014) "О государственном пенсионном обеспечении в Российской Федерации" //Собрание законодательства РФ, 17. 12. 2001, N 51, ст. 4831.

52. Федеральный закон от 06. 10. 2003 N 131-ФЗ "Об общих принципах организации местного самоуправления в Российской Федерации" //Собрание законодательства РФ, 06. 10. 2003, N 40, ст. 3822.

53. Федеральный закон от 16. 07. 1999 N 165-ФЗ (ред. от 01. 12. 2014) "Об основах обязательного социального страхования" //Собрание законодательства РФ, 19. 07. 1999, N 29, ст. 3686.

54. Федеральный Закон от 12. 01. 1996 N 8-ФЗ (ред. от 29. 12. 2014, с изм. от 06. 04. 2015) "О погребении и похоронном деле" //Собрание

законодательства РФ, 15. 01. 1996, N 3, ст. 146.

55. Федеральный закон от 17. 07. 1999 N 178-ФЗ “О государственной социальной помощи” //Российская газета, N 142, 23. 07. 1999.

56. Федеральный закон от 28. 12. 2013 N 442-ФЗ “Об основах социального обслуживания граждан в Российской Федерации” //Российская газета, N 295, 30. 12. 2013.

57. Федеральный закон от 27. 05. 1998 “О статусе военнослужащих” N 76-ФЗ//Российская газета, N 104, 02. 06. 1998.

58. Федеральный закон от 07. 11. 2011 “О денежном довольствии военнослужащих и предоставлении им отдельных выплат” N 306-ФЗ// Собрание законодательства РФ, 07. 11. 2011, N 45, ст. 6336.

59. Федеральный закон от 06. 03. 2006 No. 35-ФЗ “О противодействии терроризму” //Парламентская газета, N 32, 10. 03. 2006.

60. Фирсов М. В. Введение в профессию《Социальная работа》-М.: КНОРУС, 2011.

61. Ящерицына О. Проблемы организации социального обслуживания// Социальная сплоченность и доступ к социальным правам: материалы Моск. конф. (11-12 апреля 2005 г.) /под общ. ред. О. И. Косенко. М., 2005.

62. 程福财. 家庭、国家与儿童福利供给 [J]. 青年研究, 2012 (1).

63. 蓝瑛波. 俄罗斯儿童福利与保障制度述评 [J]. 中国青年研究, 2009 (2).

64. 马红薇, 郭春华. 他山之石善借用——瑞典、俄罗斯社会救助制度考察报告 [J]. 中国民政, 2016 (2).

65. 庄晓, 肖来付. 俄罗斯的儿童社会政策及其启示 [J]. 青少年犯罪研究, 2008 (4).

66. [美] 理查德·莱亚德等. 俄罗斯重振雄风 [M]. 北京: 中央编译出

版社，2006.

67. ［俄］弗兰克. 俄国知识人与精神偶像［M］. 上海：学林出版社，1999.

68. 邓晖. 从苏联到俄罗斯：养老金制度改革之译述［J］. 世界经济情况，2005（24）.

69. 李新. 中俄社会保障制度问题：比较分析［M］. 北京：北京交通大学出版社，2011.

70. 高际香. 俄罗斯民生制度重构与完善［M］. 北京：社会科学文献出版社，2014.

71. 许艳丽. 转型期俄罗斯工会与社会领域的变化［M］. 北京：社会科学文献出版社，2016.

72. 许艳丽. 俄罗斯残疾人就业的立法及实践［J］. 山东社会科学，2009（5）.

73. 许艳丽. 俄罗斯转轨中的经济和社会问题与养老制度改革［J］. 财政研究，2009（12）.

74. 许艳丽. 浅析俄罗斯社会保障制度改革的原因及具体体现［J］. 工会理论研究，2012（12）.

75. 许艳丽. 俄罗斯：努力解决残疾人就业问题［J］. 中国工人，2009（4）.

76. 许艳丽. 转型期俄罗斯社保制度改革的特点及启示［J］. 中国发展观察，2016（18）.

77. 许艳丽. 转型期俄罗斯养老保障制度改革——我国可借鉴的经验及教训［J］. 中国工人，2016（1）.

78. 许艳丽. 俄罗斯医疗保险制度对我国的启示［J］. 医疗保险，2015（7）.

79. 许艳丽. 浅析俄罗斯人口状况对社会经济发展的影响——对我国的借

鉴与思考［J］. 社会保障研究，2016（1）.

80. 许艳丽. 透视俄罗斯免费医疗［J］. 天津社会保险，2016（1）.

81. 许艳丽. 社会救助与慈善事业衔接的路径选择［J］. 新视野，2016（4）.

82. http://www.ngopravo.ru.

83. Ю Евгени проблемы развития российскогорынка труда в контексте демографическогокризиса，http://www.demographia.ru.

84. http://www.yandex.ru.

85. http://www.ramble.ru.

86. http://www.levada.ru/press/2009020907.html.

87. http://ria.ru/economy/20130704/947628514.html.

88. http://www.rg.ru/2013/11/06/pensii-anons.html.

89. http://pensionline.ru/? cat=1&paged=4.

90. 俄罗斯联邦劳动与社会保障部官方网站.

91. 俄罗斯联邦国家统计局网站.